回归真实

语文教学的本真追寻

肖天旭◎著

暨南大学出版社

JINAN UNIVERSITY PRESS

中国·广州

图书在版编目（CIP）数据

回归真实：语文教学的本真追寻/肖天旭著. —广州：暨南大学出版社，2021.4
（中小学教育智慧文库）
ISBN 978 - 7 - 5668 - 3113 - 2

Ⅰ.①回… Ⅱ.①肖… Ⅲ.①小学语文课—教学研究 Ⅳ.①G623.202

中国版本图书馆 CIP 数据核字（2020）第 256469 号

回归真实：语文教学的本真追寻
HUIGUI ZHENSHI：YUWEN JIAOXUE DE BENZHEN ZHUIXUN
著　者：肖天旭
···

出 版 人：张晋升
项目统筹：晏礼庆
责任编辑：黄　斯
责任校对：黄　球　黄晓佳
责任印制：周一丹　郑玉婷

出版发行：暨南大学出版社（510630）
电　　话：总编室（8620）85221601
　　　　　营销部（8620）85225284　85228291　85228292　85226712
传　　真：（8620）85221583（办公室）　85223774（营销部）
网　　址：http://www.jnupress.com
排　　版：广州尚文数码科技有限公司
印　　刷：广州市穗彩印务有限公司
开　　本：787mm×1092mm　1/16
印　　张：14.75
字　　数：295 千
版　　次：2021 年 4 月第 1 版
印　　次：2021 年 4 月第 1 次
定　　价：52.00 元

序 一

接到肖天旭老师信息，她的一部书稿发至我的邮箱，让我帮忙看一看，并为之写个序。肖老师是广州市首批"百千万人才培养工程"名教师培养项目的优秀学员，一直在教学一线担任语文教师。

《回归真实：语文教学的本真追寻》是肖老师的第一本教学专著。书的主要内容涉及肖老师的课堂实录、教学文论、育人故事、学生习作等几个方面。在我看来，书的内容跟书名特别吻合，那就是"真实"。

一、"真实"体现在成长经历上

肖老师由一位普通的赣南乡村教师成长为广州的骨干教师，先后在农村学校、私立学校干过十多年，面对资源不足、学习条件艰苦、独学无友等困难，坚定信念，不断学习，让自己越来越沉稳。

二、"真实"体现在课堂教学中

这本书选取 12 节课堂实录，从小学一年级到六年级都有，课型包括口语交际课、习作指导课、阅读教学课、课外阅读指导课、语文综合实践课。看到这些文字，你会有一种身临其境的感觉，如闻其声，如见其人。有课堂中激情四溢的畅所欲言，也有让老师措手不及的尴尬稚语；有的课以教师的引领为主，有的课则完全交给学生。课堂教学的方式也是多种多样的，比如口语交际课中的情境创设就特别有意思，孩子们的表演和回答令人捧腹的同时，也让人看到他们思维中创新的火花。再比如语文综合实践课上，孩子看、猜、听、想、做、演、玩、尝等有意思的活动都会让人对这样的课堂充满向往。在课堂中，我们可以看到学生真实成长的轨迹。

三、"真实"体现在育人故事里

工作中每天都会发生很多事情，作为一名老师，要善于捕捉生活中的点点滴滴，及时地把它记下来，这就是我们通常所说的要做一名会讲故事的老师。肖老师就是这样一位会讲故事的老师。肖老师的很多育人故事都在育人杂志上发表过，如《教室飘落的"雪花"》《请你当主持》《让"难受"变成"不难受"》等。肖老师写自己的故事、写自己和学生们的故事，这样的故事往往是最打动人心的。透过这些故事，我们可以看到孩子在成长，老师也在成长。

四、"真实"体现在学生习作中

老师会讲故事，所以孩子们也会讲故事。这些年来肖老师一直在主持和参与写话、习作、阅读等方面的课题研究，辅导学生写了大量的作品。虽然书中只选录了四位学生的一小部分作品，但我知道肖老师带的班每位学生都有一本自己的作品集。有的学生写了二十多万字，篇篇可圈可点。学生长大后，可能对小学的老师和生活不会留下太多的印象，这一篇篇学生自己记录的文字，将会是小学语文老师送给他们最好的礼物。

"一分耕耘，一分收获。"肖老师在培训阶段汇报中曾说过，也许自己就像一只小蜗牛，一分耕耘不一定有一分收获，但十分耕耘就一定会有收获。她从来没有停止读书、停止思考。祝愿肖老师在追寻本真的教学道路上继续坚定前行，在不断完善自己的过程中超越自己，再上一层楼。

桑志军

2020 年 12 月

（桑志军，广东第二师范学院中文系副主任、教授，广东省小学语文教学研究会副理事长，广东省、广州市"百千万人才培养工程"名教师培养项目理论导师）

高境界高学识高追求

记得教育专家钱梦龙说过这样三句话勉励自己：优秀是一种习惯；不要找任何借口；终身学习。很高兴看到肖老师的第一本专著——《回归真实：语文教学的本真追寻》出版。作为教学一线的老师，教学任务重，工作压力大，可肖老师把优秀演绎成习惯，善于读书，勤于读书，笔耕不辍，潜心钻研业务，勇于探索创新，在师德中孕育，在奋斗中开花，在坚持中升华，逐步走上了从成熟期教师向研究型、学者型、专家型教师发展的道路。

2018 年 12 月，我有幸参加了肖老师的广州市名教师工作室挂牌成立仪式。从一名普通的小学语文教师成长为广州市名教师工作室主持人，我见证了肖老师从优秀变得完美、从完美变得卓越！跟肖老师共事 15 年，我深深为肖老师对学生、对教育博大精深的爱所折服，惊叹肖老师 30 年教师生涯的传奇经历，感佩肖老师思想高境界、事业高追求、学识高水平、能力高层次。

一、思想高境界让爱渗透到每一名孩子的心田

思想高境界是育人之"魂"。苏霍姆林斯基曾说过："教育技巧的全部奥秘在于如何去欣赏和爱护学生。"热爱学生是教师最为可贵的职业感情。在教育学生的过程中，师爱更体现出不可估量的作用。肖老师 30 年来始终用爱心、智慧、责任以及精细化的管理，触及学生的心灵世界。《一次巧妙的口语交际训练》讲的就是用炽热的情感温暖学生的心灵，启迪学生的智慧，激励学生去追求崇高的故事。爱就是关心，肖老师全身心地爱护、关心、帮助学生，做学生的贴心人，《请你当主持》当中体现的师爱就成了一种巨大的教育力量。爱就是尊重。她尊重学生的人格，理解学生的要求和想法，理解他们的幼稚和天真，用充满爱的眼睛欣赏学生，让"难受"变成"不难受"。无论是育人故事，还是 12 节课堂实录，我们处处可以体会到肖老师将这种需要用心、用情、用思考力的爱渗透到每一个孩子的心田。

二、事业高追求让课堂焕发生命的活力

事业高追求是育人之"本"。有人说，一名优秀的语文教师，需有四大支柱的坚固支撑：丰厚的文化底蕴支撑起语文教师的人性，高超的教育智慧支撑起语文教师的灵性，宏阔的课程视野支撑起语文教师的活性，远大的职业境界支撑起语文教师的诗性。我觉得肖老师就是这样的老师，不论是《四个太阳》《那片绿绿的爬山虎》《菜园里》，还是《趣联巧对》《我和成语有个约会》《走进〈论语〉》，或是《作文教学》《口语交际》等，每一次课堂，她总是善于用自己的情感、声音、体态营造一种氛围，让看似平淡的课文语言忽然有了魔力，如磁石一般把孩子的心灵紧紧吸引，不知不觉中播下文化的种子，使他们张开想象的翅膀，让他们体验和享受语文的无穷魅力，进而获得生命的愉悦与灵性，积淀深厚的文化底蕴。正如古希腊哲学家柏拉图所说："教育的任务不在于把知识灌输到灵魂中去，而在于使灵魂转向。"肖老师追寻本真的语文，创造本真的课堂，让学习成为享受，让课堂真正成为孩子们的幸福乐园，和孩子们共学、共享、共进。"教学的艺术不在于传授的本领，而在于激励、唤醒、鼓舞。"肖老师正是在追寻这种力量，追寻焕发生命活力的课堂。

仰之弥高，钻之弥坚，心有理想，春暖花开。肖老师用笔记下的是她从有潜力到有实力的蜕变。她的教育信条是：在和大家一起成长的路途中，成为一个幸福满满的语文老师。衷心祝愿肖老师"而今迈步从头越"，在更广的领域、更深的层面开展教育教学研究和实践，奉献出更多、更新、更好的成果，编织出美丽的教育童话，书写自己的教育传奇，在"爱和乐"的路上不断进取，收获满满，幸福满满！

2020 年 12 月

（高晓玲，广州市天河区汇景实验学校小学部原校长，特级教师、语文正高级教师，广东省特级教师工作室主持人，广州市天河区政府督学）

我的教学主张

　　三十年的小学语文教学生涯，从僻远的乡村小学，到广东省首家民办学校，再到今天来到全国一线城市的省级学校，在众多名师的言传身教熏陶感染中，我深深地感到，无论何时何地，不管面对什么样的学生，只有真实的课堂才是打动人心的课堂，只有轻松愉悦的课堂才能成就有效的课堂。

一、课堂因真实而令人感动

　　陶行知先生曾提出"生活即教育"理念。生活要看过程，且是不经粉饰的真实的过程，课堂教学也要看过程，看教师怎样启发、引入、过渡、激趣，使学生从不懂到懂、从不理解到理解、从未掌握到掌握、从不会到会。

1. 真实的课堂，是"以学定教"的课堂

　　上过公开课的老师一般都有这样的体验：在众多专家同伴的帮助下，课备得是精致巧妙、精益求精、难以挑剔；为了完整地展示精美的教学设计，课堂结构组织得非常严密，一环扣一环，似乎无可挑剔，偶尔有学生"出轨"，教师也会巧妙地将其"拉回来"，课上得顺顺畅畅、波澜不惊，按时按量地完成了教学任务；板书工整得像一首小诗，课件的使用恰到好处，一节课教师讲完结束语正好下课的铃声响起。我曾经以为那就是教学的最高境界。

　　细细研究一下，总觉得学生既然学得这么好了，还有上这课的必要吗？我常常想起在英豪学校时刘淑贤校长常说的一句话："在学校里，校长是为教师服务的，教师是为学生服务的。既然是服务就应该把学生真正当成一个个具有鲜活生命、具有独特个性的人对待。"那么在课堂上，我们就应该密切关注学生的学习要求，要尊重他们，把他们真正当成学习的主人，为他们营造一种平等、民主、宽松的学习氛围，让他们敢说话，敢说真话。

　　记得一节公开课，上课内容是《乌鸦和狐狸》。课文讲的是为了乌鸦嘴里的一块肉，狐狸一次又一次地哄骗乌鸦，最后乌鸦被狐狸的花言巧语所迷惑上当受骗的故事。在即将结束的时候，老师问孩子们，你们喜欢狐狸吗？孩子们都说不喜欢，狐狸太喜欢骗人了。老师觉得课讲完了，教学目标完成了，情感体验也到位了，就准备下课了。这时候，有一只小手高高地举了起来，老师还来不及叫

他，他就站了起来，大声地说："老师，我喜欢狐狸，我认为狐狸很聪明，还有一种不怕困难、坚持不懈的精神。它骗乌鸦的时候，第一次没有骗到，没有灰心，想了一个高明的办法，第二次还是没有骗到，它就再想一个更高明的办法，直到把那块肉骗到手。所以我喜欢狐狸。"这位同学话音刚落，刚才不喜欢狐狸的孩子突然也举起手说自己也喜欢狐狸了。这时候，下课铃不合时宜地响起来了。怎么办？拖堂纠缠肯定不行，但问题不解决也不行，老师灵机一动，布置了一项作业：回去和爸爸妈妈讨论一下这个问题，如果我们身边的人都像狐狸那样，会怎么样呢？

苏霍姆林斯基曾说过："人的心灵深处，都有一种根深蒂固的需要，希望自己是一个发现者、研究者、探索者。"学生不是一个被动地接受知识的容器，这就决定了在课堂教学中，不可能事事都按着教师的预设而发展，我们要相信学生，努力去追求教学的本真，面对学生真实的认知体验，尊重学生的个性差异，展现学生真实的学习过程，让每个学生都有所发展，这才能体现课堂生命的活力。

2. 真实的课堂，是动态生成的课堂

"动态生成"是新课程改革的核心理念之一。新的课程理念认为，课堂教学不是简单的知识学习的过程，它是师生共同成长的生命历程，它五彩斑斓，生机勃勃，活力无限。叶澜教授在《面向 21 世纪的新基础教育报告》中强调："教育活动具有动态生成性，教学过程是生动可变的。课堂的活力来自学生动态的发展，教师必须紧紧抓住课堂教学中'动态生成'的因素，使之成为学生知识、能力、情感的催化剂。"

"生成"需要预设。这体现在课前应充分了解学生、研读教材、制定教学目标、思索教学策略、设计教学程序，为教学设计一幅蓝图。同时预设必须是弹性的、灵动的，留有学生自主学习和动态生成的时间。例如上《曹冲称象》一课，孩子们都认为曹冲的办法非常巧妙，老师在课堂上提出了这样一个问题：你们还有其他的办法来称象吗？结果有的孩子说：过磅（当时的条件不允许）。有的孩子说用跷跷板的原理，一边是大象，一边放石头（操作起来很困难）。结果有一个孩子说用人代替石头，只要把人的体重加起来，就不用搬石头了。多么了不起的方法呀，这应该就是窦桂梅老师说的超越课堂吧。

"生成"需要氛围。2011 版《语文课程标准》提出："语文课程必须根据学生身心发展和语文学习的特点，关注学生的个体差异和不同的学习需求，爱护学生的好奇心、求知欲，充分激发学生的主动意识和进取精神。"在平时的教学中，我们不难发现，学生的思维是最没有束缚、最活跃的。当学生大胆质疑、发表自己的意见时，我们不能一味地加以遏止，要珍视学生，对他们这种敢于表现自我、积极思考的行为加以认可甚至鼓励，从而使他们敢说、会说、乐说。这样课堂中的动态生成才会不断涌现。因此，在教学中，教师要积极地营造民主、平

等、和谐的教学氛围，真诚地尊重学生的发现，巧妙地启迪学生的思维。

3. "生成"需要引领

"生成"不是偶然、随意的，也不是教师被学生牵着鼻子走。"如果真是那样，教学就不叫教学，课程也就不叫课程了。"如支玉恒老师在《西门豹》的教学中设计了五个指向学生情感的问题，其中一个是"读了这篇课文，你心中有没有同情？"有一个孩子觉得巫婆挺让人同情的，"她年龄那么大，也活不了几年了，犯了错，西门豹有必要那么狠心一下子就把她淹死吗？可不可以念在她年迈的份上，从轻处罚？"这是令人没有想到的。支老师没有着急，而是让学生再读课文，从课文中找到巫婆做了什么事情，给百姓造成了哪些伤害，"如果你生活在那样的时代，遇到了这样的事情，还会觉得西门豹对巫婆的处罚太重吗？"

教学中的动态生成，教师既要考虑学生的兴趣和需要，也必须考虑价值观的引领。要让学生更有效地学习、更健康地发展，对教学生成的理解就不能只是形式上的跟从，要把握其实质，引领孩子健康成长。

二、课堂因轻松而成就高效

《语文课程标准》明确提出：提倡转变学生的学习方式，培养学生主动参与、乐于探究、交流合作的学习态度。美国心理学家罗杰斯认为："成功的教学依赖于一种真诚的理解和信赖的师生关系，依赖于一种和谐宽松的课堂气氛。"创设轻松的学习氛围，让学生愉快地学习，有利于提高语文课堂效率。

1. 轻松的课堂需要教师富有激情和魅力

一副自然大方的教态，一身端庄得体的衣着，一手刚柔相济的板书，一口字正腔圆、抑扬顿挫的普通话，一段声情并茂、慷慨激昂的朗诵，一句委婉动听、相得益彰的轻唱，都会对学生的注意力具有无形的控制作用，对学生的审美情趣具有潜移默化的导向作用，从而激发起学生的学习兴趣，焕发课堂活力。语文教师要将学生带入美妙的文学殿堂，最重要的还是用学识去感染学生，使其受到熏陶——教师满腹经纶、妙语连珠，这会极大激发学生的学习兴趣，很容易营造愉悦、和谐的学习气氛，当然也就有利于教学了。比如笔者前不久上了一节习作教学课，主题是写一个特点鲜明的人。我先给孩子们表演了一个"白纸变钱"的游戏，再让学生来说说对老师的印象，课堂一下子就吸引了孩子们。有了这样的铺垫，整节课孩子们都积极思考，大胆发言，课堂效果非常好。

2. 轻松的课堂需要教师尊重学生、信任学生、赞赏学生

学生是课堂学习的主人，营造轻松的课堂要求教师目中有人、心中有爱，建立一个接纳、宽容的课堂，尊重学生的学习体验，使学生勇于质疑、发表见解、与人辩论，以愉快的心情钻研问题、启动思维、驰骋想象。要尊重学生与众不同的想法，特别是与老师不同的意见；鼓励学生不迷信权威，不盲从教材，敢说"我认为"。学生在无拘无束的空间尽情地参与表达，往往能让他们产生一种轻

松、新奇、愉悦的心理体验，促使学习兴趣高涨，从而诱发潜在的创造智能，迸发出创造的火花。

在教学实践中可尝试分层教学，即经常让部分学习困难的学生回答一些浅显的、在书本上很容易找到答案的问题，让他们在不断训练中获取点滴进步，体验成功的快乐，对他们的体验作出一些激励性的评价。例如："其实你很聪明，只要多一些努力，你一定会学得很棒。""这个问题你问得很好，证明你是个爱动脑筋的学生，只要努力，你完全能学好！""你的看法很独特！""你的分析很有道理！"诸如此类的评价，不但认可了学生的进步，而且强化了学生的进步，并使学生在心理上也感受到进步，使学困生喜欢上语文老师，也喜欢上语文课。

这就是我从教 30 年的教学主张。《回归真实：语文教学的本真追寻》这本书就是我追寻本真教学的集中体现。

目　录
CONTENTS

课堂实录

教学文论

育人故事

学生习作

课堂实录

读懂课文，体验情感，从问题着手

——一年级《四个太阳》区公开课课堂教学实录及评析

教材分析

《四个太阳》是义务教育课程标准实验教科书语文（人教版）一年级下册第五单元的课文。这是一首具有想象力和充满爱心的散文诗，作者凭借着丰富的想象力和独特的创造力，在四个不同的季节里画出了四个不同的太阳。文章简短、浅显、易懂，选材角度新颖，富有童趣，内容催人向上，表现了作者善良的心地和美好的心愿。这篇课文是对学生进行感知语言、理解语言、运用语言、熟记语言、创造语言训练的好教材。

学情分析

一年级学生思维简单，好奇心强，有探究精神，有积极表达的愿望，同时他们很容易被新鲜的东西所吸引，思维方式以直观、形象为主，理解能力较弱，因此教师要借助文本对学生进行有效的训练，努力提高学生的语文素养。

教学目标

1. 正确、流利、有感情地朗读课文。
2. 理解课文，感悟作者通过画太阳所要表达的心愿是什么。

教学过程

一、课前谈话拉近情感

师：第一次给同学们上课，谁能告诉我你是哪个学校、哪个班的，叫什么名字？

生：我是××小学一年级三班的学生。

师：你叫什么名字？

生：我叫曹××。

师：认识你很高兴，握握手。认识咱们班的孩子都很高兴。

师：老师先说几句话请你们判断对错。仔细听，如果你认为老师说得对就鼓鼓掌；如果你认为老师说得不对，就举手大声告诉大家老师错在哪里。听明白了吗？

生：听明白了。

师：今天有很多老师和咱们一块儿上课。真的假的？

生：真的。

师：鼓掌。

（生鼓掌）

师：大家很高兴。

（生鼓掌）

师：天上有四个太阳。

（有学生鼓掌，有学生举手）

二、导入新课，自主质疑

生：天上不可能有四个太阳，这只能是传说。

师：今天我们要学习一篇课文，这篇课文的题目就是——

生：四个太阳。

师：跟着老师一起板书课题，一起把课题读一读。

生：四个太阳。

师：读了课题，你们有什么疑问？

生：天上为什么会有四个太阳？

师：你真是个爱动脑筋的孩子，知道用"为什么"提问。还有什么问题吗？

生：我想知道四个太阳是什么样的。

师：真好！知道用"什么样的"来提问。还有问题吗？

生：我想知道这四个太阳是从哪儿来的。

师：从哪儿来？

生：为什么要画四个太阳呀？

师：这位同学的问题帮你们解决了一个问题，什么问题呢？

生：四个太阳是从哪儿来的！

师：孩子们太棒了，会问、会听，还会想。

师：老师把你们的问题都写在了黑板上，这些问题是老师帮你解决还是你们自己解决呢？

生：我们自己解决。

师：这么厉害呀！你们怎么解决？

生：自己动动脑筋，把答案想出来。

三、带着问题，学习体验

生：自己读课文，到语文书里去寻找答案。

师：这个办法真好！先自学，然后思考有什么问题，我们一起提出来讨论好吗？

师：下面我们就打开书本，带着问题自由地朗读课文。遇到不会的字，可借助拼音或者请教同桌。老师下来听一听。

（生自由朗读课文）

师：谁来告诉我，你解决了哪个问题？

生：我知道了太阳是从哪儿来的，是一个小朋友画出来的。

师：你还解决了哪些问题？

生：我知道了这四个太阳是什么样的。

师：什么样的呢？

生：有绿色的太阳，有金黄色的太阳，有红色的太阳，还有彩色的太阳。

（老师根据学生的回答把四个太阳贴在黑板上）

师：绿色的太阳送给——

生：夏天。

师：金黄色的太阳送给——

生：秋天。

师：红色的太阳送给——

生：冬天。

师：彩色的太阳送给——

生：春天。

师：小朋友们真聪明，老师也想来读读课文。小朋友们能够认真听吗？

生：能。

师：一边听一边数一数课文有几个自然段，用铅笔标出来。

（师配乐朗读）

师：老师读得好不好？

生：老师读得很有表情。

生：老师的声音很好听。

师：那么接下来请你们用你们的声音和表情告诉后面的老师，你们也读得很棒。来试一试选择你最喜欢的一个段落读一读，读完的同学举手示意。

师：谁来展示一下？

（指名读，学生演示）

师：他读的是第一自然段。他读得好不好？好在哪里？

生：他读得很好，声音响亮，表情很好，还读出了感情。

师：什么感情？

生：好像有夏天清凉的感觉。

师：他是怎么读出来的？

生：他把"凉凉的"轻轻地读。

师：抓住关键词与轻读就能把这种感觉读出来，对吗?! 这是一种很好的读书方法。

生：我还听到他刚才把"绿绿的""清凉"读得特别有感情。

师：请你再读一遍，给全班小朋友做个示范。

（生读）

师：你们想不想把这种清凉的感觉送给在座的老师们啊？

生：想。

师：全班小朋友像这位同学这样把课文的第一自然段读一读。要抓住关键词语，将这种感觉读出来。

（生认真积极地投入朗读）

师：愿意展示的同学起来读给大家听。

（生读）

师：真的很有感觉，同学们读得真棒！谁愿意来读其他的段落呢？

生：我想读第二自然段。

师：请你来读。

（生朗读）

师：我想说这位同学真勇敢！谁再来读读这个自然段，能够比他读得更流利？

生：她刚才读得不好，声音不响亮。

生：她读得结结巴巴，没有感情。

师：那你们认为要怎样读？

生：声音要响亮还要读流利，还要读得有感情，还要加上动作。

师：有什么样的感情？

生："小伙伴"要读得长一点、快一点，表示大家很高兴。

师：好的。

生：还要有动作。

师：什么动作？你这个要求很高，老师都达不到。谁来给老师做个示范？

（生摇头晃脑地读）

师：有甜甜的感觉吗？

生：有。

师：那我们就学着他这样读，想做什么动作就做什么动作。

（生声情并茂，比手画脚积极投入朗读）

师：谁来读给大家听？

生：我想给大家读第三自然段。

师：好。不着急，请大家闭上眼睛，听她读。老师还给她配了一段音乐。

（生读）

师：孩子们，你们听出了暖暖的感觉吗？

生：有。

师：那我们就来"暖暖地"读一读吧。

（生读）

师：同学们手也不冷了，脚也不冷了，我们就可以在寒冷的冬天去干什么呢？

生：堆雪人、打雪仗。

师：谁还能想到画面上没有的东西？

生：滑雪。

生：做冰灯。

生：用雪来堆城堡。

师：冬天的乐趣可真多呀。我们再把这个温暖的冬天好好地读一读。

（生读）

师：我刚才看见这位同学不用看书就能全身心地投入朗读，现在请他来给大家做个示范，不看书也能把书读出来。

（生有表情、带动作地背诵课文）

师：还有一个段落没有学习，是哪个季节的段落？

生：春天。

师：谁能用一个词或者一句话来说说春天的美？

生：春天可以让万物复苏。

师：万物复苏，很好的一个词。

生：柳绿花红。

师：很好。

生：春天可以让大自然变暖。

师：用一个词来说就是春暖——

生：花开。

生：冬眠的小动物们都醒来了，都出来了。

师：这就叫作——

生：万物复苏，生机勃勃。

师：我们男女生来对读，男生问，女生来回答。

男生：春天是什么颜色的？

女生：是彩色的，因为春天是个多彩的季节。

师：孩子们，你们读得可真美呀！

师：今天我感觉到××小学一年级的孩子读书水平真高！不过会读还得要会想，你们明白这个小哥哥为什么要画四个太阳吗？

生：因为夏天很热，他希望夏天变得清凉，所以要画一个绿色的太阳。

师：多么美好的愿望啊！秋天呢？

生：他想让果子快点熟，希望大家都品尝到水果的香甜。

师：冬天呢？

生：冬天很冷，他想画一个红红的太阳送给大家，让大家感受到温暖。

师：春天呢？谁能用一个字说出作者的愿望，他希望春天——

生：他希望春天变得更美。

师：孩子们，你们表现得太出色了，不仅把课文读得好，还把课文读懂了。现在老师要送给大家一份礼物，请看大屏幕。

（大屏幕上有一朵美丽的太阳花）

四、激发想象，读写结合

师：你想画个什么样的太阳，送给谁，让他怎么样？

生：我想画个绿色的太阳，送给沙漠，让沙漠变成绿洲。

师：太棒了，请你把这句话填在你的太阳花上。同学们桌子的右上角都有一朵老师送给你们的太阳花，请把你们想说的话写在太阳花上。

（学生练习：我想画个_____的太阳，送给_____，让他_____）

展示学生作品

生：我想画个金黄色的太阳，送给我身边的朋友们，让他们都能够尝到水果的香甜。

师：你的愿望和小哥哥是一样的。我想问问同学们，能不能把思维拓宽一点，除了送给人，还可以送给谁？

生：我想画一个多姿多彩的太阳，送给小花、小草，让小花小草把大地装点得更好看。

师：真好！

师：你们有很多话要说，这节课我们先上到这里，下课以后可以把你们的太阳花贴在墙报里，这样大家都可以知道你们美好的心愿了。下课，谢谢同学们的配合。

同行点评

　　肖老师在这一课的教学中，带领着爱探索的学生们，展开了一趟质疑、解惑之旅，让学生们在琅琅书声中感受美好的情感，在思和读中悄然成长。正所谓，学起于思，思起于疑。根据文本内容和低年级学生好奇心强的特点，肖老师通过学生自主质疑，以疑促学。于永正老师说："教语文其实很简单，就是把课堂还给学生，让学生充分地读。"在这堂课上，肖老师隐藏在学生身后，巧施魔法，让学生想读、敢读、乐读、善读，读出了文中的童趣和诗意，读出了作者美好的情感，读出了孩子心中的太阳。在学习过程中，肖老师让每个学生感受到自主的尊严，让每个学生心中升起美好的太阳。

（广州市天河区盈彩美居小学　成惠芬）

汉语拼音可以这样教

——《an en in un ün》（üan）课堂实录

教材分析

《an en in un ün》是小学语文一年级上册的一节汉语拼音课。本课包括四部分内容。

第一部分是五个前鼻韵母 an en in un ün 和三个整体认读音节 yuan、yin、yun，并配有图画。第一幅图用天安门的"安"提示 an 的音。第二幅图用圆圈的"圆"提示 yuan 的音。第三幅图用摁门铃的"摁"提示 en 的音。第四幅图用树阴的"阴"提示 in 和 yin 的音。第五幅图用蚊子的"蚊"提示 un 的音。第六幅图用"云"提示 ün 和 yun 的音。

第二部分是拼音练习。包括两项内容：①声母与 an en in un ün 的拼音，巩固新学的韵母，复习 j、q、x、y 跟 ü 组成音节省写 ü 上两点的规则。②看图读音节，培养学生认识事物、准确拼音的能力。

第三部分是看图认字读韵文。配有一幅山区田园图，几座连绵起伏的山，一片水田，提示"山、田"的象形特点，树林、果园分别提示"左、右"两个方位。"树林"占去图上大块画面，提示"片"字的用法。

第四部分是一首儿歌，配有图画。随儿歌学习"风、云、她"三个字。

学情分析

本班学生大多活泼、大胆，上进心强，初步具备合作的意识和能力。在第一课时中，学生已学会5个前鼻韵母，学会拼读声母和前鼻韵母组成的音节以及三拼音节，但涉及 an 的变音（如 jian、qian、xian）时，学生拼读有困难。

教学目标

1. 巩固拼读声母与前鼻韵母组成的音节，进一步读准三拼音节。
2. 认识5个生字，正确朗读句子。

教学重点、难点

准确拼读音节和认识 5 个生字是教学重点，正确朗读句子和识记生字"左、右"是教学难点。

教学过程

师：同学们，今天上课和平时上课有什么不一样的地方吗？

生：今天爸爸妈妈和我们一样成为一年级的小学生。

（众笑）

生：今天的墙报特别漂亮，昨天还没有呢！

师：同学们，告诉我，你们今天的心情怎样？

生：好。

师：能不能换一种说法，比如今天我的心情特别好，像阳光一样灿烂。

生：我今天很开心。

生：我今天很高兴。

生：我今天开心得不得了。

生：我高兴得要命。

（众笑）

生：我心里美滋滋的。

生：我心里比喝了蜜还甜。

师：你说得太棒了。哦！你还想说……

生：我想模仿肖老师说句话。我的心情比阳光还要灿烂。

（生鼓掌）

师：肖老师想请你们帮个忙。拼音宝宝在森林里迷路了，你们乐意帮助他们回家吗？

（师出示零乱的拼音卡，并在黑板上画了两座小房子，一座是单韵母的家，一座是复韵母的家。学生争先恐后地上来领读，再送拼音宝宝回家）

师：还有一座大房子，老师没有画，在这个大家庭里住着 23 位拼音娃娃，那是谁的家？

生（齐）：声母的家。

师：声母的家太大了，老师画不下。听说你们会唱声母歌？

生（齐）：是啊！还会跳声母舞呢！

师：那你们愿意唱的就唱，愿意跳的就跳。给爸爸妈妈表演一下吧！

（生情绪高涨）

师：今天我们要认识几位新的拼音娃娃，你们猜猜他们是谁？

生：我知道，他们是 an en in un ün。

师：太对了。你是怎么知道的？

生：我在幼儿园学过 ie üe er 后面就是 an en in un ün。

师：还有谁知道？你是怎么知道的？

生：我是看电视知道的。

师：看电视也能知道啊！哦，原来电视里也有学问。

生：我是妈妈教的。

师：谢谢你妈妈。

生：我是自己学会的，我自己看书，书上有图的。

师：哦！你是个爱学习的孩子，无师自通啊！这节课老师要请你们来做小老师，告诉大家该怎么学会这些拼音。先学习 an、en 这两个拼音。

师：跟我一起发 an，先发 a 再发 n，连起来就像我这样，嘴巴张得大大的，声音从鼻子里出来。

（生跟读）

生：老师，我知道发 en 的时候，嘴巴先是扁扁的，声音从鼻子里出来。

师：那就请你当小老师带大家读吧！

（生领读）

师：下面让我们打开课本。你们看到了什么？

生：我看到 an 的旁边有天安门，en 的旁边是一个人在按门铃。

师：（板书：安、摁）有时我们也可以根据图形、汉字来记住字母的发音，再试着读一读。

（生自由读，师出示板书：

g			guan	j			juan
k	u	an	kuan	q	ü	an	quan
h			huan	x			xuan ）

师：现在检查一下拼音情况。哪些同学还不会读？会读的举手，不会读的站起来。

师：我们一齐把掌声送给站起来的同学。知道这是为什么吗？

生：因为他们诚实。

师：那他们不会读怎么办呢？

生（齐）：没关系！我帮你。

师：下课以后，你愿意帮助谁就帮助谁。同学们，请记住，帮助别人也就是帮助自己。

生（齐）：帮助别人就是帮助自己。

师：看黑板，你发现了什么？我们先来拼一拼。

生：我发现了 j q x 和 ü 相拼时，那个 ü 上的两点要去掉。

生：j q x 真淘气，见到鱼眼要挖去。

生：那太残忍了吧！我妈妈教过我说是小 ü 有礼貌，见到 j q x，脱帽敬个礼。

师：谢谢你，孩子，你不仅教给大家知识，还教大家怎么做人。

生：老师还教过我们，小 ü 在森林里迷路了，j q x 带他出来的时候是要先帮他把眼泪擦掉的。

师：你的记忆力很好，谢谢你把我的话放在心里。现在请你们把拼音卡读一读。

（生用"开火车"的游戏方式轮读课文里出现的音节）。

师：书里还有一个字母（板书：yuan）。同学们看看怎么读？

生：这是整体认读音节，读"冤"。

（生领读，齐读）

师：你们学得很好。

（师出示：dan tan nan juan quan xuan guan kuan huan zhen chen shen。生争先恐后，领读标调音节）

师：好，下面我们来写一写今天学过的两个韵母和一个音节。谁来说说怎么写？

生：都写在中格，因为都在二楼。（以前曾让孩子观察过字母的写法，说汉语拼音的家有三层楼，因此孩子们说他们的家在二楼）

师：你愿意给大家做示范吗？

生：愿意。（生示范）

师：其他同学觉得他写得怎样？

生：位置写对了。不过中间写得不满，写得满一些就更好了。

师：那请你来写吧！其他同学拿好笔。

（生练习写拼音）

师：下课。

（本文发表在 2005 年第 4 期《小学语文教学设计》）

同行点评

孔子说："不愤不启，不悱不发。"在课堂中，教师注重学法的指导，一步步地让学生去发现、感悟，主动地获取知识。在学习 j q x 和 ü 相拼时，创设故事情境帮助学生理解"ü 上的两点要去掉"这一拼读（写）规律，学生畅所欲言——挖鱼眼、迷路的小 ü……教师及时修正，肯定更恰当温和的说法，也落实了语言文字的训练，真可谓一举两得。

　　本课的亮点之一是在学习书写拼音环节时，师生们把四线格形象地比喻为三层楼房，"都写在中格，因为都在二楼"，充满童趣的语言也说明肖老师"汉语拼音的家有三层楼"的比喻说法深入人心，体现了联系生活实际解决教学问题的方法。

　　师生的双边活动以问答型模式和齐答型模式为主，学生既有独立自主的学习，也有合作性学习，解决学习过程的"会学"与"学会"问题。老师设计的问题做到难度分级，让学生学得有滋有味，充分调动学生的积极性。"试着读一读"，鼓励学生勇于尝试，克服学习难点；"哪些同学还不会读？会读的举手，不会读的站起来"，随时检查学习效果，及时查漏补缺，保证学生的学习效果；引导学生谈谈上课时的心情，把掌声送给诚实的同学。几乎整节课师生都在平等轻松的交流中进行，亦师亦友。

（广州市天河区华融小学　冯嘉媛）

让生活融入国学经典课堂

——二年级国学课《走进〈论语〉》课堂实录

教材内容

《论语》自选章节

子曰：学而时习之，不亦说乎？有朋自远方来，不亦乐乎？人不知而不愠，不亦君子乎？

学情分析

对于二年级的学生来说，《论语》内涵深奥，不易理解，是比较难懂的国学内容。他们接触这部经典才刚刚一个半月，大多是机械地背诵。要上好这节课，课前的引导和铺垫非常重要，比如阅读一些《论语》故事，听一些关于《论语》的乐曲，同时要运用学生已有的知识底蕴，鼓励学生会诵读、提问、表达、运用。

教学目标

1. 引导学生了解并走入《论语》，有韵味地诵读文言经典，积累名句，激发学生对民族传统文化的热爱。

2. 通过教师讲解、学生自悟相结合的教学方式，使学生把握选言含义；通过合作与探究的学习方式，提高学生阅读《论语》的能力。

教学重点、难点

准确理解选言含义，既能整体感知又能细致思考言论中的思想。

教学过程

一、课前展示我乐背

主持人：今天的国学课轮到谁来展示才艺了？

生：郑成韬。

主持人：有请郑成韬。

生：老师们好，同学们好，今天我给大家展示我在国学馆学到的《太上感应篇》。一共六页，我给大家背诵前面的两页。

生：太上曰：祸福无门，唯人自召；善恶之报，如影随形。……刚强不仁，狠戾自用。（两分钟共计背诵480字）

主持人：你可真棒啊！下面有请敬爱的肖老师给我们上课。

二、走进《论语》我乐学

师：读了课题，谁能用一句话说说你了解的《论语》和孔子？

生：孔子是山东鲁国人。

生：孔子还是儒家学派的创始人。

生：《论语》是孔子去世之后，他的弟子们整理出来的。

（用一段动画简单地介绍孔子及《论语》）

师：《论语》者，二十篇。今天我们学习《学而篇》节选，请看大屏幕。

大屏幕显示：

子曰：学而时习之，不亦说乎？有朋自远方来，不亦乐乎？人不知而不愠，不亦君子乎？

师：要读好这段话，先要读好几个词。

大屏幕显示：

曰　说　愠　不亦……乎

（指名读，学生领读，自己读两遍）

师：在这四个词中，你认为哪个词最难懂？

生：愠。

师："愠"就是生气，"不愠"是什么意思？

生：不生气。

师：对。

生："不亦……乎"是什么意思？

师：不懂这个词的同学举手。

（几乎全班都不会）

师：在古文学中，这是一个表示反问语气的词语，意思是："不也是这样吗？"比如前两天，老师在走廊里发现两个同学追逐打闹，结果一个同学撞到墙角，头破血流。在走廊上追逐，不也是很危险的吗？我们就可以说不亦——

生：危险乎？

师：再比如，后面听课的老师今天早上就在这间大教室里坐着学习，现在是五点钟，他们已经坐了七八个小时了，不也是很辛苦的吗？可以说——

生：不亦辛苦乎？

生：不亦累乎？

生：不亦腰酸背痛乎？

师：读这个词时，要注意"不亦"后面的词要读得重一点、长一点。试一试，这段中的三个地方（大屏幕红色显示）。

师：不亦——

生：说乎？

师：不亦——

生：乐乎？

师：不亦——

生：君子乎？

师：这样读，味道就出来了。下面请大家自由练读，读通读顺。

师：谁愿意来当小老师？（小老师带读两次，训练学生教学生）

师：光读得正确、流利还不行，还要读得有节奏、有韵味。从笔盒里拿一支笔，像老师这样画出停顿和重音。刚才来之前，老师给每个同学发了一张纸，拿出来画，那就是我们今天发的临时教材。照着老师这样画，画完了同桌间互相练习练习。

大屏幕显示：

子曰：学/而时习之，不亦说乎？有朋/自远方来，不亦乐乎？人不知/而不愠，不亦君子乎？

（教师巡查）

师：刚才老师在检查的时候有个同学小声地告诉我："老师，你的教材印错了！"是吗？

生：是！

师：哪里印错了？

生：那个"说"，你印成了"悦"。

师：你们有一双会发现的眼睛，这个"说"是个通假字，相当于我们现在的"悦"，表示高兴、愉快的意思。"不亦说乎"就是"不也是很高兴、很愉快吗"这个意思。为了帮助同学们更好地理解这句话，我就直接印成了"悦"。

师：看老师的手势。这样表示声音是平平的，这样呢？（手势抬高）

生：声音要高一点。

师：这样呢？（手势放低）

生：声音要低一点。

师：这样呢？（手势拖长）

生：声音要拖长一点。

师：伸出你的小手，跟着老师的手势，边做边读。

子曰：学/而时习之，不亦说乎？有朋/自远方来，不亦乐乎？人不知/而不愠，不亦君子乎？

读法一：

平平：平/低低高高，平平低拖？平平/平高高高，平平拖拖？平平平/平高高，平平低低拖？

读法二：

平平：平/平平低低，平平拖拖？平平/平低低低，平平拖拖？平平平/平低低，平平拖拖拖？

读法三：

平平：平/平平低低，平平高拖？平平/平拖拖拖，平平拖拖？平平平/平拖拖，平平高高拖？

师：听出什么来了？

生：重音可以重读，也可以轻读。

生：重音还可以拖长读。

生：我听懂了一段话可以根据自己的喜好来处理重音。有的地方轻，有的地方重，有的地方把声音拖长，这样就可以读出抑扬顿挫的感觉。

师：你真了不起，还知道抑扬顿挫这个词。你可以根据你的需要来处理重音。谁愿意上来给大家展示一下？老师给他配上音乐。

（在高山流水的音乐声中，两位学生有声有色地练读、展示，教室里情不自禁响起了掌声）

> 这是一个朗读指导片段。朱熹曾说："读得熟，则不待解说，自晓其义也。"阅读经典，重在"读"。在老师的指引中，学生们惊奇地发现："可以重读，也可以轻读，还可以拖长读"。这样处理水到渠成地教会了学生处理重音、停顿，恰当运用语气、节奏、音色等，降低了学习经典的难度，放缓了坡度。此时学生个个跃跃欲试，教师以配乐朗读的形式鼓励学生爱读的热情。在高山流水的音乐声中，两位学生有声有色地练读、展示，教室里情不自禁地响起了掌声，体现了语文教学中老师的主导作用和学生的主体位置。琅琅的诵读声犹如清凉的风吹进孩子们的心田，使学生不自觉地进入言语的内化阶段，熟读成诵，积累语言，教学效率高。

师：你们读得太好了，我要拜你们为师啊！如果老师去掉几个词，你们还会读吗？

大屏幕分层出示：

子曰：学/而时习之，不亦＿＿＿乎？有朋/自远方来，不亦＿＿＿乎？人不知/而不愠，不亦＿＿＿乎？

子曰：学/而时＿＿＿之，不亦＿＿＿乎？有朋/自＿＿＿来，不亦＿＿＿乎？人不知/而＿＿＿，不亦＿＿＿乎？

子曰：学/＿＿＿＿＿＿＿，不亦＿＿＿乎？有朋/＿＿＿＿＿，不亦＿＿＿乎？人不知/而＿＿＿，不亦＿＿＿乎？

子曰：＿＿＿＿＿，不亦＿＿＿乎？＿＿＿＿＿＿，不亦＿＿＿乎？＿＿＿＿＿，不亦＿＿＿乎？

（生填空式背诵）

师：我们平时说的"会读"，不光要读得正确、流利、有感情，还要读懂。同学们懂不懂这几句话的意思？

生：不懂。

师：不懂怎么办？

生：问老师。我现在就想问肖老师，请肖老师告诉我。

师：还有别的办法吗？

生：看书。

师：书上有没有？看看老师发的临时教材，上面有没有？

生：（看后顿悟）有！

师：是自己看好，还是老师直接把答案告诉你好？

生：自己看好。

师：现在就给你们时间自己看，看懂了，不看临时教材也可以讲出来，那你就真的把知识学到了！

（生静心默记）

师：我读一句，你们把这句话的意思说出来——子曰：学而时习之，不亦说乎？

生：学习要时常温习，这不也是很快乐的事情吗？

师：有朋自远方来，不亦乐乎？

生：有朋友从很远的地方来相聚，这不也是很快乐的事情吗？

师：人不知而不愠，不亦君子乎？

生：人家不了解你，人家也不能生气，不也是君子的行为吗？

师：是人家不生气，还是你不生气？

生：是人家不生气。

师：谁跟你说的，我听起来感觉不太对，书上好像不是这么写的。你再看看书上是怎么写的。

生：是林俊霖告诉我的。

师：他什么时候告诉你的?

生：平时交流自学卡的时候，我们自学到这一句，他这么教我的。

师：林俊霖，你是这么教他的吗?

生：是。

师：看样子你们两个都没有学会。再看看书，书上怎么写的?

生：啊，我明白了，不是人家不生气，是自己不生气。这句话的意思是：别人不了解自己，自己也不生气，这不是君子的行为吗?

师：这一回你是真的学会了。真好!

师：大屏幕上的三句话中，有一个字老师用红笔标示出来，它是哪一个字?

生："学"。

师：这个字在古代是这么写的：（板书：�）这是一只手，这是另一只手，这两个叉代表知识和智慧。一个长长的东西把下面遮住了，遮住的是谁呢? 你们看看，下面像什么? 像一个什么人?

生：小人。

师：加上儿化音。

生：小人儿。

师：这两个词意思还是有些不同的。什么样的小人儿?

生：一个顽皮的小孩子。

生：一个不懂道理的人。

生：一个需要学习的人。

生：一个博学多才的人。

师：看来是个神童啊! （众笑）

师：小孩子的头呀都是大大的，告诉我们什么呢? 小孩子生下来，是有东西把他遮蔽着的，长长的东西把他盖住了，蒙蔽住了，所以我们讲古时候的小孩子叫蒙童，小孩子学的内容叫蒙学，小孩子最早接受的教育叫启蒙教育。要教孩子们学什么呢? 要教孩子们一只手伸出来去接受知识、智慧和做人的道理，一只手学着把盖着的东西掀掉，这就是古人之学（一边指着板书抽象示意图做手势，一边讲解）。同学们想一想，小孩子生下来之后要学习哪些内容呢?

生：学吃饭。

生：学爬。

生：学坐。

生：学说话。

生：学上厕所。

生：学游泳。

生：学打球。

生：学做人。

师：实在太多了，说下去没完没了。这里的这个"学"指的是广义上的"学"，而不仅仅是指学语文、学数学等文化课。明白吗？

生：明白。

师：那这个"习"是什么意思呢？

生：温习，复习。

师：还有吗？

生：我觉得还有练习的意思，像很多要学习的活动是需要练习的。

师：说得真好，这个"习"还有"练习、实践"的意思。有几个问题要向大家请教。请看大屏幕：丘林同学晚上认真复习生字，别人写一个字，他写五个，第二天听写，他终于得了100分。

师：丘林，得了100分，你高兴吗？

生：高兴。

师：那你说说，这件事是孔子说的哪句话？

生：（沉默）不知道。

师：没关系，谁来帮助他？

生：学而时习之，不亦说乎？

师：我知道咱们班张博洋同学刚开始学打羽毛球，拍子上去了，球掉地上了，连发球都不会。经过半年的练习，现在可以和爸爸打上十几个来回。是吗？张博洋。

生：是的。

师：那你说说是哪句话？

生：（迟疑不敢说）……

师：加上"我认为"，就只代表你自己的观点，说错了也没有关系。

生：我认为是"人不知而不愠，不亦君子乎"。

师：是这样吗？别人不了解你，你也不生气，这不是君子的行为吗？你先坐下。张博洋学什么？

生：打羽毛球。

师：开始不会，经过练习学会了，多么快乐啊！张博洋，你说说看，是哪一句？

生：学而时习之，不亦说乎？

师：你确定？

生：确定！

师：这回是真的学会了。很好！

> 这是一个理解运用的片段，两个孩子起初都不会，前一个孩子，老师直接让别的孩子告诉他准确的答案，另一个孩子通过老师的讲解，慢慢地品味出了正确的答案。真实的课堂就应该体现从不会到会、不喜欢到喜欢、不理解到理解这样一个训练的过程。

师：再看大屏幕显示：菁菁的朋友从北京来看她，她听到了连鞋子也不穿就跑出来迎接。

生：有朋自远方来，不亦乐乎？

师：做了好事，老师没有表扬，但是他还是继续默默地为大家做事，这不也是君子的行为吗？

生：人不知而不愠，不亦君子乎？

师：我们班有这样的君子吗？

生：有。

师：你认为是谁，悄悄冲他笑笑。你愿意当这样的君子吗？

生：愿意。

师：老师相信在今后的成长中，我们班会有越来越多的君子。三句话学完了，听说音乐老师还教你们唱了《论语歌》，给大家展示一下吧。

（生愉快地歌舞）

三、自学《论语》我乐说

师：下面我们要进入这节课最难的一个环节——齐读。

生：自学《论语》我乐说。

师：从接到通知，我就给同学们留了一个每天填写《自学卡》的任务。

大屏幕展示：

今天学习《论语》中的话	
这句话的意思	
联系实际举个例子	

师：不到三天就有家长给我提意见了：这样的作业让刚上二年级的学生做也太难了吧，还要联系实际举个例子，连我这个中文系毕业的研究生都觉得困难，孩子怎么做？其实不会很正常，会就说明你们有点儿超常儿童的本领。看着大屏幕上的表格，告诉我，通过这二十多天的自学，除了老师今天教的内容，你还知道《论语》中的哪句话？

生：我还知道"己所不欲，勿施于人"。

生：前面还要加上"子曰"。

师：说得非常好。《论语》是孔子和他的弟子以及再传弟子编纂而成，并不是所有的话都是孔子说的，不是孔子的一人之言，而是儒家的一家之言，所以学习时一定不要把前面是谁说的给弄丢了。接着往下说，这句话是什么意思？

生：你不喜欢的东西就不要给人家。

师：举个例子。

生：我有喜欢吃的菜，也有不喜欢吃的菜，自己不喜欢吃的菜就不要给爸爸妈妈吃。

师：很好。还有谁能说？

生：我还知道——子曰：不在其位，不谋其政。这句话的意思是：孔子说，不在那个位置上，就不要想那个位置上的事情。

师：能举例吗？

生：能。有一天吃饭，弟弟不想吃，我就骂了弟弟一顿，妈妈说："你不是妈妈，就不要管妈妈要做的事情。"（众笑）

生：这句话我也能举个例子：我不是爸爸妈妈的家长，所以我不能管爸爸妈妈的事情，爸爸妈妈是我的家长，所以爸爸妈妈可以管我的事情。

师：挺有意思，看来你们确实很聪明。

生：我还知道——子曰：三思而后行。这句话的意思是：经过反复思考才采取行动。一天，我的同桌总是来烦我，真想揍他一顿，可是又一想，这样会两败俱伤，还不如让老师来处理，我就告诉了老师。

生：子曰：学而不思则罔，思而不学则殆。这句话的意思是：只读书不思考就无法理解意思，只空想而不读书，就会疲惫而没有收获。比如我们学习古诗，如果不理解，死记硬背，就会很快忘掉，等于白学。

生：子曰：见贤思齐焉，见不贤而内自省也。意思是见到德才兼备的人就要向他学习和他一样，见到不贤的人就要反省自己的短处。比如见到肖老师我就要向肖老师学习，见到某个犯错的同学我就要想一想有没有像他一样的短处，有就要改正。

师：你们说得太好了！

生：我知道——子曰：知之为知之，不知为不知，是知也！这句话的意思是：知道就是知道，不知道就是不知道，这才是聪明的表现。但是我不会举例子。

师：你是个聪明的孩子，不知道就说不知道。后面听课的老师当中有好多是国学大师，敢不敢去向他们请教？

生：敢。

师：学会了，你再来告诉我，好吗？

生：好。

师：很快就要下课了，还有这么多的同学想说，咱们也不能拖太长的时间，如果你很想交流，就到后面去找一位老师。（生跃跃欲试）听我把话说完，如果后面的老师说"我也不会"，怎么办？上午来的时候我教了大家一句话：子曰：学无——

生：止境。

师：教学——

生：相长。

师：没有关系，很多东西肖老师也不知道。注意安全，不要碰到桌椅和同学，先下位的同学往后面走，轻轻地去，轻轻地回来。

（师生交流，场面热烈）

教育家陶行知先生曾明确指出："创造力最能发挥的条件是民主。"只有在民主、平等、宽松、和谐的氛围中，创造力才能得到开发，学生才能积极主动参与教学。语文的答案是丰富多彩的，语文的魅力在于此，语文课堂的活力也在于此。同一问题，由于学生的生活经历、知识素养、心理状况等的不同，得出的答案可能是千差万别、异彩纷呈的，这就是创造力的表现。要鼓励学生敢于不屈从于教师，不迷信于权威，不盲从于教材，敢说"我认为"。学生在一种无拘无束自由畅达的空间，尽情地表达，往往能产生一种轻松、新奇、愉悦的心理体验，学习兴趣高涨，从而诱发潜在的创造智能，迸发出创造的火花，展现出语文课堂的无限活力。教师打通学生书本世界与生活世界的界限，将文本学习与学生的生活经验整合起来，将语文的小课堂与生活的大课堂连接起来，这样做不仅有利于促进学生的主动发展，而且往往会收获意想不到的惊喜。

四、款款吟诵，升华情感

师：有句话说聪明在于——

生：学习，天才在于积累！

师：知识就像滚雪球一样越滚越大。

（音乐声中，老师声情并茂地朗诵，大屏幕逐步出示：

《论语》中的经典名言，不仅影响了一代又一代的中国人，也影响着全世界的人。1988 年，全球的诺贝尔奖获得者 75 个人，在法国巴黎召开一次会议，研讨进入 21 世纪后怎么让我们全球人过得更好。最后他们发表了一个宣言，叫《巴黎宣言》："世界进入 21 世纪，要让全球的人过得更好。要到哪里寻找智慧呢？要到东方2 500年前的孔子那里寻找智慧。"）

师：有一个名字，

齐：传颂了两千五百年；

师：有一部著作，

齐：治国定邦安天下。

师：有一个名字，

齐：与中华文化紧相连；

师：有一部著作，

齐：浸润在炎黄子孙的血液。

师：有一个名字，

齐：是师的楷模；

师：有一部著作，

齐：是仁的诠释。

师：有一个名字，

齐：我们为他骄傲；

师：有一部著作，

齐：我们因它而自豪。

师：天不生仲尼，万古长如夜。

生：天不生仲尼，万古长如夜。（读三次）

（在音乐声中结束学习，宣布下课，师生道别）

同行点评

在中小学开展国学经典诵读活动，旨在传承中华文化，弘扬人文精神，落实素质教育。对于国学课怎么教，有什么教学原则，怎样准确把握好教学策略，肖老师执教的《走进〈论语〉》一课，给了我们很大的启发：

一是多样诵读，读出精彩。阅读经典，重在"读"。为了让学生将《论语》句段熟读成诵又不感到枯燥乏味，肖老师在课前巧妙地安排"课前展示我乐背"活动，各小组纷纷登台展示，较好地调动了学生学习《论语》的积极性。

二是自主探究，学以致用。肖老师不光强调学生多读、熟读、会读和读好，而且注意引导学生"读懂"——运用传统文化中的智慧看待今日的人和事，进而养成良好的行为规范、质朴的道德操守和高雅的审美情趣。在教学中，肖老师转变观念，大胆放手把自主学习的过程变成发现问题、提出问题、思考问题、初步解决问题的过程。当学生遇到疑难时，鼓励他们去积极思考，引导学生自主完成教师预设的目标。在缓缓的音乐声中，教师的结束语对于提升学生对国学经典的认识，激发学生学习国学的兴趣，以及在塑造学生灵魂方面起到了画龙点睛的作用。国学素养的形成是一个潜移默化、循序渐进的过程，国学教学同样应该遵循"因人施教，因教取材"的原则。一厢情愿地拔苗助长只能让孩子畏惧经典，失去最纯真的兴趣。只有切实激发孩子们的兴趣，我们才能让孩子们主动打开探寻国学经典宝藏的大门。

（广州市天河区汇景实验学校　高晓玲）

依托情景，落实语用，学会沟通

——统编教材二年级上册第五单元口语交际《商量》教学设计

教材分析

《商量》是统编教材二年级上册第五单元口语交际的内容，讲的是在生活中，遇到事情要跟别人商量。书中举了一个同学过生日需要跟小丽调换值日的例子，创设了两个情景：一是借同学的书没有看完，需要多看几天；二是最爱看的电视节目就要开始了，但爸爸正在看足球比赛。旨在启发学生思考应该怎样跟别人商量，学会跟别人商量的技巧。

大到国际关系，小到日常生活，我们都需要和别人商量。作为与人沟通的一种技巧和能力，商量的重要性不言而喻。会商量的人可以让彼此之间更好地沟通交流，解决问题；不会商量的人不仅影响个人心情，也不利于解决问题。

学情分析

二年级的学生，大多数思维活跃，乐于表达，但是孩子们表达的差异性比较大。因此在教学中要针对二年级学生的特点，首先培养孩子认真倾听、努力听懂别人讲话要点的能力；其次要在情景表演的场景中创设不同难度的问题，多给机会，帮助学生自然大方、彬彬有礼、积极大胆地发表意见；最后应对学生充满童趣的精彩表达及时给予肯定，同时也要及时纠正学生表述时出现的语病。

教学目标

1. 通过猜想，初步感知"商量"的含义。
2. 听读绘本，加深理解"商量"的作用。
3. 情景演练，努力掌握"商量"的技巧。
4. 认真倾听，运用"商量"的技巧学习与人沟通的本领。

教学重点、难点

创设真实的交际场景，引导学生在交际中掌握商量的技巧。

教学准备

1. PPT 课件。
2. 创设情景需要的道具。
3. 课后评价量表。

教学过程

一、通过猜想游戏，感知"商量"的含义

师：今天我们要上一节口语交际课，请同学们一起读课题。

生：商量。

师：轻轻地读。

生：商量。

师：轻轻地读就能读出商量的口吻。口语交际课有哪些要求呢？大家看着大屏幕告诉我。第一——

生：用心看、仔细听、大胆说。

师：第二——

生：要发言、先举手、讲文明。

师：这节课本来是你们邓老师的课，可是，我想和同学们一起上，猜一猜老师会用下面哪一种说法跟邓老师说？

大屏幕显示：

（1）我命令你把这节课给我上！

（2）你必须把这节课给我上，不然我就要生气了！

（3）我想上这节课，请你让给我，好吗？

生：选第三种。

师：有没有不同意见？没有。全班同学都是我的知音。说一说，为什么老师会选第三种？

生：因为第三种说法让人比较舒服。

生：第三种说法很有礼貌，用了"请"。

生：第三种说法用的是商量的语气。

师：真好！奖励同学们听一个故事。

设计意图：根据教材的内容，设置话题游戏，通过判断、选择，让学生在轻松愉快的氛围中初步感知什么是商量，商量带给人们怎样的感受。

二、听读绘本故事，理解"商量"的作用

播放配乐绘本故事《你别想让河马走开》：

一只河马懒洋洋地卧在小桥上晒太阳，又大又重。

狮子要过桥。鹦鹉嘎嘎嘎地说："河马不想走开！"狮子说："别忘了，我是森林之王。我命令他走开。"

可是河马只管睡他的觉，打他的呼噜，连动都懒得动。

又来了一只猴子，他也想过河。

可是河马太大了，他也过不去。

他们决定直接动手推。可是河马太沉了，根本推不动。

又来了一只野猪，他也要过桥。

狮子说："命令他不听。"

猴子说："推也推不动。"

野猪说："那我们就把他弹起来吧。"

他们来到桥的一头，一起跳了起来。

结果，河马弹了上去，马上又落了下来。他们又被弹上去了，接着就——哗啦啦！落到下面的河里！

来了一只小老鼠，他也要过桥。不过，他只是轻轻叫醒河马，在他耳朵边说一句悄悄话。

河马就伸了个懒腰，站起身来，和小老鼠并排过了桥。

师：小老鼠说了什么呢？现在我来扮演河马，你来扮演小老鼠，想一想，他会怎么说？注意别人说过的话不能再说。小老鼠1号。

生：河马先生，请您让一下，我要过桥。

师：让不让？

生：让。因为他很有礼貌。

师：商量成功，掌声鼓励。请你过去吧。小老鼠2号。

生：河马大叔，我要到对面去看望生病的朋友，请你让一让，好吗？

师：不但有礼貌，还说清了过河的理由，让不让？

生：让。

师：商量成功，掌声鼓励。再请一只小老鼠。

生：河马哥哥——

师：这个称呼我喜欢，说明我比较年轻。

生：我要到河对岸去上兴趣班的课，麻烦您让一让，给我过去吧。

师：好的，请过去吧。过去了你该怎么说？继续——

生：谢谢您！

师：不客气。继续——

生：河马大哥再见。

师：小老鼠再见。

师：通过刚才的表演，告诉同学们一个道理。（一起读大屏幕上的字）

生：有商有量，办事不难。

师：商量就是——（继续读）

生：有话好好说。

设计意图：绘本是孩子们非常喜欢的读物，老师精心挑选的绘本有效地调动了孩子的学习积极性。要求别人说过的话不说、用过的方法不用，就是要培养学生倾听的能力，在认真倾听的基础上学会思考，设置商量的话题，引导学生积极参与交流。

三、借助教材案例，学习"商量"的技巧

师：这就是我们今天要学习的内容：二年级上册第五单元口语交际。打开书本 69 页，看书，书上给了同学们好几个生活场景，我们先看第一个场景：

今天是你的生日，又轮到你做值日，你想早一点回家，需要和小丽调换值日，你会怎么说？

师：同桌之间互相先演练一下，演练完了觉得自己的表演还不错，就请你们都举手。

（生互相练习）

师：请一组同学上来。

生1：小丽你好！

生2：什么事情啊？

生1：我今天下午过生日，想早一点儿回家，你能跟我调换一下值日吗？

生2：好的。以后我有事的时候，你也要帮我。

生1：好的。

师：商量成功，掌声鼓励。商量就是——（看着大屏幕读）

生：有话好好说。

师：这个"有话好好说"至少有两层意思，第一层意思是客客气气地说，心里想的是——不生气，我爱你。第二层意思是清清楚楚地说，心里想的是——要干吗，全靠你。

师：同学之间应该互相帮助。他们俩都是好说话的孩子。刚才同学们表演得不错，我也想和同学来演一演。谁愿意？

生：我愿意。

师：我来演小丽，你来演值日的同学，明白吗？

生：小丽，你好！我今天下午过生日，想早走一会儿，可以跟你换一下值日吗？

师：本来是可以的，不过今天下午我妈妈约了医生，说要带我去医院检查视力，真是不好意思。

生：（一愣，想了一下）没关系，那我就去找其他人换吧。

师：再见！

生：再见！

师：真好！小丽因为特殊情况不能跟你调换值日，你仍旧能够有礼貌，想其他办法。所以，商量还有第三层意思，就是和和气气地说，心里想的是——没关系，理解你。

师：下面我们借助课件来回忆一下，商量就是——

生：有话好好说。

师：它至少有三层意思，第一层意思是——

生：客客气气地说。

师：心里想的是——

生：不生气，我爱你。

师：第二层意思是——

生：清清楚楚地说。

师：心里想的是——

生：要干吗，全靠你。

师：第三层意思——

生：是和和气气地说。

师：心里想的是——

生：没关系，理解你。

设计意图：口语交际的教学方法主要是创设情景，以课堂为阵地，以教材为载体，再现立体动态的情景，渗透方法，让学生能说；创设贴近生活的情景，强化能力，让学生会说。

四、运用商量技巧，解决实际问题

师：下面我们要进行表演比赛了，语文书还向我们提供了两个场景：

（1）向同学借的书没有看完，想再多借几天。

（2）最爱看的电视节目就要开始了，但爸爸正在看足球比赛。

师：谁来表演第一个场景？（选出一组学生上来）

生1：肖洋。

生2：博文，什么事？

生1：你借给我的《米小圈——脑筋急转弯》我还没有看完，能不能多借给我看几天？

生2：没问题。

生1：谢谢！

生2：不客气。

师：演得不错，我又想参加表演了，假设这本书是我的，你向我借的，要还给我。我现在是肖洋，我正在写作业。

生：肖洋。

师：什么事呀？这么大声，把我吓了一大跳。

生：对不起，吓着你了。你借给我的《米小圈——脑筋急转弯》我还没有看完，能不能多借给我看几天？

师：哎呀，本来是可以的，但是我答应了（转头对着班里另一位同学）李昊媛，今天你把书还给我之后就借给她，你看看怎么办呢？

生1：李昊媛，这本书我没有看完，想多借几天，可不可以让我先看完呢？

生2：好的，没问题。

师：这个孩子真好说话，懂得谦让。还有其他方法吗？

生：可以先让给李昊媛看，毕竟说话是要算话的，李昊媛看完再借给肖洋看。

生：可以两个人在课间或者放学后一起看。

生：也可以去同学家一起看。

生：可以去图书馆再借一本。

师：同学们有很多好办法。好好商量就一定能解决问题。商量就是——

生：有话好好说。

师：它至少有三层意思，第一层意思是——

生：客客气气地说。

师：心里想的是——

生：不生气，我爱你。

师：第二层意思是——

生：清清楚楚地说。

师：心里想的是——

生：要干吗，全靠你。

师：第三层意思——

生：是和和气气地说。

师：心里想的是——

生：没关系，理解你。

师：下面我们来表演第二个场景：你最爱看的电视节目就要开始了，但爸爸正在看足球比赛。你想让爸爸把电视机让给你，该怎么跟爸爸商量呢？请两位同学上来表演一下。谁是班级最擅长表演的同学？

生：我。

师：你可以邀请一下你的伙伴，和你一起来表演。

师：你们先商量一下谁演爸爸，谁演孩子。同学们，我们先鼓掌，再欣赏。表演开始。

生1：爸爸、爸爸，我最喜欢的电视节目就要开始了。请你把电视机让给我看电视，好吗？

生2：好的。

生1：谢谢爸爸。

师：真是亲生父子，太容易说话了。你们爸爸是球迷吗？

生：我爸爸是球迷，他看球的时候最不喜欢被人打扰。

师：看球是什么样子的？

生：他看球的时候，一边喝啤酒，一边还大喊大叫，手舞足蹈。

师：你学一下。

生：（表演爸爸看球的样子）好球，好球！哎呀，怎么回事，这么好的一个球怎么偏了。气死我了，气死我了！

师：真是个超级球迷老爸。谁还想来参加表演？

（生争先恐后）

生1：爸爸。

生2：吵什么吵，没看见我在干什么吗？一边玩去。（挥挥手，作势喝了一口啤酒）

生1：爸爸，有件事想跟您商量一下。

生2：有什么事一会儿再商量，不要打扰我，滚一边去。

师：这位超级球迷老爸的脾气不算好，给商量设定了更高的难度，看看儿子怎么办？

生1：爸爸，这个问题很重要，我是不是您的亲儿子？

生2：你说什么胡话，谁说你不是我的亲儿子，我跟他没完。

生1：那你干吗用那样的态度对我？！你知道吗？马上就要播放我最喜欢的动画片了，这一集我们老师布置了作业，要我们写观后感，你天天让我好好学习，这也是学习任务，你先让我看一下，好吗？

生2：哎，好吧，还是孩子的学习重要。我只好忍痛割爱了。

师：商量成功，掌声鼓励。看了刚才两位同学精彩的表演，大家都比较激动。他们商量了几次？

生：两次。第一次要跟爸爸商量的时候，被爸爸骂了一顿，还让孩子滚一边去。第二次儿子强调了自己看电视是为了学习，现在的家长都望子成龙，所以爸爸只好让给儿子了。

师：也就是说商量一次不行还可以继续商量，要是两次不行呢？

生：想别的办法继续商量。只要商量不成功，就要不断想办法。

师：很棒！谈判之中就是运用商量、商量、再商量的方法。我们再来回想一下商量就是——

生：有话好好说。

师：它至少有三层意思，第一层意思是——

生：客客气气地说。

师：心里想的是——

生：不生气，我爱你。

师：第二层意思是——

生：清清楚楚地说。

师：心里想的是——

生：要干吗，全靠你。

师：第三层意思——

生：是和和气气地说。

师：心里想的是——

生：没关系，理解你。

师：商量一次不行——

生：可以再商量。

师：两次不行——

生：继续商量。

师：同学们学得真好。

设计意图：只有基于现实的交际环境，才能引发学生的共鸣。本环节的设计就是为了依托教材给出的交际情景，有效地调动学生的情感体验。让孩子们体验商量的重要性，同时借助表演中出现的问题，分析出失败的原因，告诉学生商量一次不行，可以再一次商量甚至多次商量。

五、创设生活场景，将"商量"引入生活

师：有一位叫乐乐的同学遇到烦恼了。请看大屏幕：

晚上，二年级的小学生乐乐正在家里认真地做数学题，可是家里太吵了！三岁的小弟弟在奶奶身边看电视，又蹦又笑。怎么跟弟弟商量都没有用。假如你就是需要安静的乐乐，你会怎么跟家人商量呢？

师：注意，怎么跟弟弟商量都没有用。

生：我试试。弟弟，可不可以把电视声音调小一点，哥哥要做作业。

师：不可以，哥哥陪我看电视。

生：哥哥不完成作业会被老师批评的。

师：不听不听我不听。

生：弟弟——

师：哥哥不要吵，哥哥不要吵。同学们注意，怎么跟弟弟商量都没有用。在生活中总会有一些人，你想有话好好说，他偏偏不好好说，怎么办呢？你有什么好办法？

生：可以跟妈妈商量，告诉她自己需要安静写作业，请妈妈把弟弟带到其他房间去。

师：好办法。

生：还可以让爸爸带弟弟去游乐场玩，转移他的注意力。

师：也可以。也就是说我们可以想办法跟其他人商量，这也是可以解决问题的。所以——（大屏幕显示）

生：凡事都有不一定，换个角度想问题。

> 设计意图：生活中总有这样一些人，特别不好说话，特别不好商量，需要另辟蹊径，解决问题。直接商量不行，可以间接商量，比如不能跟弟弟商量，可以跟妈妈商量，请妈妈把弟弟带到外面去玩来解决乐乐需要安静环境的问题。

六、布置家庭作业，提高"商量"的能力

师：最后给同学们留一份作业：生活总会有很多事需要商量，仔细观察哪些地方、哪些事情需要商量，想一想你该怎么商量。填写下面的评价量表，回来跟小伙伴交流交流。这节课就到这里，同学们再见！

填写课后评价量表：（每完成表中的一项就给自己加一颗星）

商量	商量成功	声音响亮	有礼貌	讲得清楚	能理解人
故事 1					
故事 2					
故事 3					

设计意图：教学有法，教无定法，得法于课内，运用于生活，受益于终身。能够在生活中运用所学的知识解决问题，这样的学习才是有价值的。

同行点评

肖老师的这节口语交际课，围绕着"有话好好说"这一训练目标，着力于激发学生的表达欲望，交互性和活动性突出，充分体现了"语文是一门学习语言文字运用的综合性实践性课程"这一性质。课堂上巧用各种话题情境，营造了一种平等、民主的口语交际氛围，使学生亲身经历一个怎样与人商量的过程，在互动中不知不觉掌握了商量的技巧。她善于引导，重视技巧在课外生活中的延伸运用。如"你最爱看的电视节目就要开始了，但爸爸正在看足球比赛。你想让爸爸把电视机让给你，该怎么跟爸爸商量呢"这一情景对话中，学生在老师不断给予的肯定中逐步掌握了与人商量的技巧方法：商量一次不行，可以再商量一次，多次商量。整节课老师适时点拨和纠正，有的放矢地发挥合作学习的作用，从而达成口语交际的目标。

（广州市天河区汇景实验学校 蔡洋洋）

学会倾听，勇敢表达

——三年级口语交际课《谈谈爸爸、妈妈对我的爱》课堂实录

教材分析

《谈谈爸爸、妈妈对我的爱》是人教版语文课标实验教材三年级下册语文园地五的口语交际内容。本次口语交际是本单元综合性学习活动的继续，话题是谈谈爸爸妈妈对自己的爱，还可以说说自己是怎样爱他们的。开展这一教学活动，多维互动，孩子们能真实地进入交际情境；请父母一起聆听课堂，参与课堂，和孩子们共同奏响爱的交响曲，享受来自孩子们稚嫩心灵的感恩。

学情分析

这是在深圳一所小学的一节跟岗学习汇报课。三年级的学生思维活跃，乐于表达，有一定的语言组织能力。因为是异地教学，所以教师应创设特定的交际情境，让师生、生生以及课堂的第三参与者之间多维互动，进行交际，提高学生的人际交流素养。

教学目标

1. 激发学生口语交际的兴趣，使学生能用具体生动的事例努力打动他人，培养学生倾听、表达和应对的能力，进而逐步提高他们的人际交流素养。

2. 以多维互动的形式，让学生积极参与到交际中来，进一步感受父母的爱，懂得关心父母，学会感恩。

教学重点、难点

在互动交际中，培养学生口语交际能力。调动学生表达的欲望，做到清楚明白地讲述见闻并说出自己的感受和想法，态度大方，有礼貌，语言规范。

教学过程

师：看看今天上课和平时有什么不一样？

生：今天是广州来的肖老师给我们上课而不是我们学校的老师给我们上课。

生：平时我们到这里来听课，会有很多老师。今天好像不太多，比以前少了一半。

师：听课的老师不多，而且都不是你们学校的，他们是和肖老师一起从广州来的且一同参加过广州市"百千万名师跟岗培训班"，我们跟他们轻轻地打声招呼吧。

（师生问好）

师：第一次给××小学三年级四班的同学上课，也是第一次和我们这个团队的伙伴一起上课，心里不免有点紧张，除了紧张，还可以用哪些词形容我此刻的心情？

生：你很兴奋。

师：不对。

生：激动。

师：不是。紧张。换一个意思跟它相近的词语。

生：着急。

师：老师给一个字：忐——

生：忐忑。

师：对。

生：忐忑不安。

师：好的，还有吗？

生：惴惴不安。

师：好的。

生：诚惶诚恐。

师：还有战战——

生：战战兢兢。

师：还有句歇后语叫作：十五个吊桶打水——怎么样？

生：七上八下。

师：是的，愿意帮助我吗？

生：愿意！

师：你打算怎么帮助我？

生：上课积极发言。

生：发言的时候要举手。

生：不要插嘴。

生：别人发言的时候要认真倾听。

师：你真是个聪明的孩子，善于倾听是个非常好的习惯，也能体现一个人的修养，你真的很棒！

师：还有很重要的一点，一会儿老师讲错了或者写错了，一定要——

生：告诉你。

师：及时告诉我，帮我改正，好吗？

生：好！

师：谢谢同学们，有你们的帮助，现在我一点儿也不紧张了！

师：我们今天要上一节口语交际课，提两个要求：

一是——（生读：大胆说 说清楚）。

二是——（生读：静心听 听明白）。

听不明白的时候要问明白。听懂了吗？

生：听懂了。

师：请同学们打开语文书86页，认真读第五单元口语交际的要求，把你认为重要的词语、句子画出来。

（生画词语、句子）

师：谁来读读口语交际的要求？

生：（略）

师：我们这次口语交际的主题是什么？用一个字告诉我。

生：爱。

师：用什么说？

生：用具体事例来说。

（师板书：爱 具体事例）

师：现在我们来欣赏一组图片。（妈妈给孩子喂饭，和孩子一起玩游戏，干家务，和孩子一起读书，照顾生病的孩子，接送孩子风雨无阻，深夜辅导孩子做功课，托举孩子飞翔，等等）

这些故事在你们的生活中也曾经有过吗？除了这些，爸爸妈妈还为你们做了些什么？

生：妈妈每天为我做饭洗衣。

（师写：做饭洗衣）

生：我学习不好时，爸爸妈妈辅导我。

（师写：辅导功课）

生：我晚上蹬被子，妈妈就三更半夜起来给我盖被子。

（师写：盖被子）

生：很小的时候，妈妈教我识字。

师：用最简洁的文字概述这件事，你觉得应该写什么？

生：教我识字。

师：好的。

生：在我不会写作文时，我妈妈就辅导我写作文。

师：还是辅导功课，别人说过的不说，要学会归类。还有什么？

生：天气变冷的时候，爸爸妈妈会毫不犹豫地把衣服脱下来给我穿。

师：什么时候天气变冷了？

生：突然天气变冷了，下雪了。

师：这里什么时候下过雪？

生：突然的时候。

师：这里下过雪吗？

生：（沉思）

师：孩子，你在表述一件事情的时候，一定要讲真实的事情。别人听到有疑问，他一定会向你问清楚，在我的记忆中，深圳好像没有下过雪。

生：妈妈每天早上都会帮我叠被子。

师：你自己不会叠吗？

生：（不好意思）

师：我觉得你可以自己做的事情，你妈妈还帮你做，尽管如此，你依然觉得很温暖，对吗？那你也可以写上去。

生：我每次生日，妈妈都给我办派对。

师：那你给妈妈办过派对吗？

生：没有。

（让学生尽情地表述，写在黑板上）

师：怎样把一件事说具体呢？有一个同学是这么说的。

播放音频：

有一次，我病了。妈妈急急忙忙带我到医院看病。我们跑上跑下，好不容易看到了一个医生，医生检查后说："要住院检查。"妈妈当时就吓青了脸，飞快地办好了住院手续，一口气没喘，就带我去做检查了。等所有的检查做完后，我躺在病床上昏昏沉沉地睡着了，妈妈却一晚上都没合眼。

第二天早上我醒来时，妈妈又赶紧去买吃的东西给我。我问妈妈："妈妈你不累吗？要不要休息一下？"妈妈说："不累，什么都比不上你快点好起来，因为，你是我唯一的女儿。"我什么也没说，因为我真的很想哭。

师：你觉得她说得怎么样？

生：她说得很好。

师：好在哪里？

生：她讲得生动、具体。

师：为什么让你觉得生动具体呢？发现什么窍门没有？

生：她把人物的动作、神态都观察得特别细致，写得很具体。

师：还有吗？

生：还有人物的语言和自己的想法都讲得很清楚。

师：你说得太好了！他在想法前面加上了自己的，强调了这个想法一定是自己的，而不是——

生：别人的。

师：可以写别人的想法吗？为什么？

生：不能，想法只能是自己的，自己怎么想别人怎么知道呢？

师：说得真好。自己怎么想别人当然不知道。

生：她讲得很有顺序。

师：条理很清楚。

师：你发现问题了吗？（我躺在病床上昏昏沉沉地睡着了，妈妈却一晚上都没合眼）

生：我躺在病床上昏昏沉沉地睡着了，那怎么还知道妈妈一晚上都没合眼？

师：这里表述不清楚，你能帮她改改吗？

生：我躺在病床上昏昏沉沉地睡着了，半夜起来发现妈妈一晚上都没合眼。

生：她说得不对，半夜怎么能说一晚上呢？

师：是啊！没合眼是她的一个判断，她通过什么来判断的？

生：我早上醒来时，看见妈妈疲惫不堪的样子，心想，妈妈一定一夜没合眼。

生：我早上醒来时，发现妈妈的眼睛都变成了熊猫眼，我想，妈妈一夜没合眼。

师：有这么严重吗？我觉得我们在表述的时候一定要实事求是，不要言过其实。

生：我早上醒来时，发现妈妈好像有点站不稳的样子，我想，妈妈一定一夜没合眼。

生：我早上醒来时，发现妈妈的眼睛里布满了血丝，我想，妈妈一定一夜没合眼。

师：同学们，你们说得很有道理，这么一说，我就明白了。还有别的地方不明白吗？

师：下面我们在小组里说说爸爸妈妈对我们的爱的故事，一会儿别人表述时，如果你不明白就问明白。

（小组练说，教师巡视指导）

师：刚才老师在巡视指导的时候，发现很多同学讲的都是自己生病了爸爸妈妈照顾自己的事情，有几位同学说的是别的事，他们的故事深深地打动了我。现在我请他们给大家讲一讲。

师：先向大家问好，再给老师们做个自我介绍，最后才开始讲你的故事。

生：大家好！我叫于洋。

师：停一下，眼睛要看着大家，不能低着头。

生：大家好！我叫于洋。今天我给大家讲的感恩故事是：上学期，我数学考得很差，回去后，我妈妈并没有骂我，而是耐心地鼓励我。

师：后来呢？

生：妈妈陪我做了很多题，我的学习成绩就提高了。

师：我来帮助你把这件事情说具体，好吗？

生：好的。

师：什么时候你考试不及格？

生：上学期期末考试，我数学不及格。

师：那天，数学老师——

生：那天，数学老师把试卷发下来了，我一看，数学不及格。

师：多少分？

生：才78分。

师：78分就不及格啦？那时你是怎么想的？

生：惨了，今天回家肯定会被妈妈臭骂一顿。

师：于是，你是怎么回家的？

生：我心里很害怕，慢吞吞地走回家。

师：还可以用上什么词，谁来帮帮她？

生：垂头丧气。

师：到家以后，怎么进家门的？

生：（不语片刻）小心翼翼。

师：垂头丧气，小心翼翼走进家门。为什么小心翼翼？

生：怕妈妈骂我。

师：妈妈看见你说了什么？继续。

生：今天考试怎么样？

师：妈妈怎么知道你考试了？

生：妈妈看到我不高兴的表情就知道了。

师：按照惯例，是吗？平时垂头丧气就是考试不好，所以妈妈就知道你考试不好是吗？她一定会说话的，她说——

生：她说：考试考得怎么样？

师：你说——

生：考得很差。

师：怎么差？

生：嗯？

师：把你的试卷给妈妈看一下。

生：妈妈看完并没有说我，而是耐心地鼓励我。

师：怎么鼓励的？

生：没关系，下次考好就行了！（此时孩子的眼里泛着泪花）

师：你心里怎么想的？

生：我就想，妈妈，下次我一定要好好学习，考出好的成绩来！

师：同学们，她讲的故事真的很感人，老师都被她感动了，只要抓住人物的动作、神态、语言、自己的想法就一定能把事情说得生动、具体、感人。

师：你叫什么名字？

生：于洋。

师：你有一个非常宽容、有耐心、有爱心的妈妈。真好！同学们，你们的爸爸妈妈也是这样吗？有没有不一样的？

生：有，我的爸爸妈妈很凶，考试不好肯定要打我一顿。

生：还有，要罚我做好多的数学题。

师：老师设计了一个情景剧表演，请看大屏幕。谁来跟老师演一演？

大屏幕显示：

情景剧表演《考试后》

明明放学后磨磨蹭蹭，怎么回事呢？原来今天数学测验，成绩很不理想，只有59分，他战战兢兢地推开家门……

师：你的爸爸妈妈不是这样，那是什么样的，你先讲讲，我再请你来演。

（师生表演父母打罚的情景）

师：还有哪些同学的爸爸妈妈也是这样的？

（表演引起了部分学生的强烈共鸣）

师：遇到了这样的爸爸妈妈怎么办？或者你看到你同学的爸爸妈妈这样子，你会怎么办？你会怎么对他们说？

生：我会对他们说，这只是一次没考好，下次我会努力的。一次不代表每次都这样。如果是叔叔阿姨，我觉得不应该去讽刺他、挖苦他，而是要耐心地帮助他。

生：我会对叔叔阿姨说，你们要给他一点鼓励。但是我跟我的爸爸妈妈说，那等于是对牛弹琴，他们是不会听我的，我都觉得他们是没药可救了。

师：呀，他们都没药可救了？你准备跟他们断绝关系吗？

生：不是，我爸爸妈妈的与众不同之处真的没法说，不知道怎么形容，反正我就是不知道怎么说，好像说不清楚。

师：你真的叫我也无言以对。有机会的话我们再好好交流，看看你的爸爸妈妈到底是什么样的人。

生：好想演出来。

师：可是咱们今天时间有限，让你一演，这节课肯定要超时，就是说，你不太能接受这种方式对吗？要不，把爸爸妈妈换掉？如果可以换的话，把他们换掉可以吗？

生：不可以。

师：那怎么办？你再想想。还有一种爸爸妈妈是不打的，但是他给你做好多好多的题，不想做也得做。一会儿做买的那本奥数，一会儿又做买的什么金牌测试卷什么的，不想做也要你做。我们班有这样的孩子吗？

生：有，张宇博。

师：孩子，你快乐吗？

生：不快乐。

生：我妈妈也是这样，每天都拿着复印的试卷还有奥数题给我做，她还专门订了一本习题集让我做，全都要做完，一道题也不许剩，还说做错一道题就罚做一百道题。

师：亲爱的孩子们，我们是讲爱的故事，怎么现在我觉得变味了，好像开成批斗会了。

生：我来讲。有一次，我考试没考好，好像语文考了七十多分吧。妈妈说："如果再这样下去，你会落在最后！"于是每天都让我做很多题，还说："我让你做这么多题，我是为你好啊！"

师：我多爱你啊！

生：到第三天，我实在受不了了，我对妈妈说："我每天做这么多道题，我好累啊！"妈妈说："难道你不想为自己的脸上争光吗？难道你不想为你的三（4）班争光吗？"后来我就听了妈妈的话，咬紧牙关，努力把那些题做完。

师：那你还是很感谢你的妈妈，能够理解她的做法。看来的确是宝剑锋从磨砺出，梅花香自苦寒来。不错，你还挺能理解爸爸妈妈的，有境界，不容易。最后再请一个同学来说。

生：老师，我上二年级的时候，每天两篇作文、两面字帖，泪流满面啊！

师：有些爱咱们不太能接受，那怎么办呢？先看一段视频，听一段歌曲，听完你们再跟我说好吗？

（播放：当我们还很小的时候，你们花了很多时间，教我们用勺、用筷子……帮我们穿衣服、绑鞋带、系扣子……教我们洗脸、梳头……教我们擦鼻涕、擦屁屁……教我们唱第一首歌，教我们做人的道理，回答我们各种各样的问题，我们一天天长大了）

师：听完这段音乐，看完这段视频，你想说些什么？在你们成长的过程中，爸爸妈妈有许多爱你的行为，可能有些行为是我们所不太能接受的，应该怎么办？课文里有句话，大家说说怎么爱他们。

生：建议大家给爸爸妈妈写一封信。

生：平心静气给他们留言。

师：你们的爸爸妈妈爱你们吗？你们爱他们吗？

生：爱！

师：在你们成长的历程中，爸爸妈妈的爱始终伴随你们成长，只不过有些方式你们不太理解和接受。那咱们就要想办法学会沟通，让我们的爱充满我们的生活，快乐一生，幸福一生！（大屏幕上有一行字一起读）

生：爱要勇敢地说出来。

师：老师今天给大家留个作业——回去和爸爸妈妈翻翻相册。说一说爸爸妈妈爱你们的故事。如果有什么不同的意见，也好好地和他们一起沟通。也可以写下来，让傅老师传给我看看。谢谢同学们。

同行点评

　　小学语文口语交际课，是一种综合素质的训练，旨在培养学生口语交际的基本能力，同时，在各种交际活动中学会倾听、沟通和社会交往，发展合作精神。听了肖老师的口语交际课，我感受颇深，主要有以下几个特点：一是教学环节的设计具有层次性。在设计上，教师没有将口语交际的话题局限于同一认知层面的反复循环，而是通过灵活自如的调控，将话题不断引向深入，体现了口语交际能力训练的层次性。先创设情境导入，再欣赏故事，运用劝说、表演、学习榜样的方式方法，起到了很好的效果。二是活动设计体现了开放性。表现在小组活动的开放，教师让学生自由选择表演的角色并营造各抒己见、畅所欲言的交流语境；还表现在课堂评价的开放，真正发挥课堂即时评价的促进与激励功能。三是课堂交流的互动性。课堂上有生生、师生等不同形式的互动，也有个体、集体、个体与集体等不同层面的互动，将口语交际课"平等对话""互动生成"的特点表露无遗。本节课也正是在这种课堂互动中总结出口语交际的技巧"只要抓住人物的动作、神态、语言、自己的想法就一定能把事情说得生动、具体、感人"，并以此为契机，通过互动将口语交际的表达技巧加以强化。

（广州市天河区棠德南小学　秦欢）

带着孩子敲开"悦读"的大门

——四年级《淘气包埃米尔》课外阅读推荐课课堂实录

教材分析

《淘气包埃米尔》是世界著名童话大师林格伦的作品。这部小说以妈妈的日记方式描绘了一个淘气、正直、善良的小男孩埃米尔的形象。埃米尔一年到头淘气闯祸，无论他走到哪里，都要把那个地方弄得鸡飞狗跳：他把猪血扣在爸爸头上，把妹妹小伊达当作国旗升到旗杆顶，用放大镜点燃了教长夫人的头发，把自己的爸爸关进茅厕，等等。但是不管别人如何批评埃米尔，他的妈妈始终认为，埃米尔会长成一个真正的男子汉。最后埃米尔竟然成为社区委员会的主席，是伦纳贝亚村最有出息的男人。

这本书很好看，一开始孩子会被他的顽皮可爱深深吸引，到后来会被他的勇敢善良感动得热泪盈眶。这部作品让孩子们在轻松自如的阅读中学会善良，学会合作，学会勇敢地面对生活。

教学对象

中年级学生。小学中年级学生的思维从以具体形象思维为主要形式逐步向抽象逻辑思维过渡，很大程度仍以具体形象思维为主。不过，中年级学生能够从多角度思考问题，能较为主动、积极地学习。根据中年级学生的思维特点和这本书的内容，我确定了以下教学目标。

教学目标

1. 激发学生阅读《淘气包埃米尔》一书的兴趣。
2. 梳理《淘气包埃米尔》一书的脉络，为走近主人公埃米尔做适度的铺垫。
3. 适当培养学生的想象能力、口头表达能力。

教学重点、难点

想方设法激发学生阅读《淘气包埃米尔》这本书的兴趣。

教学过程

一、课前谈话

师：××小学四年级四班的同学们，上午好！

生：老师上午好！

师：知道我姓什么吗？

生：姓肖，肖老师。

师：咱们今天是第一次见面，你是怎么知道的？

生：我刚才在大屏幕上看到的。

师：很好，说明你善于观察，善于从身边的事物捕捉自己需要的信息。我是来自广州市第四十七中学汇景实验学校的肖天旭。初次见面，你的心情怎样？别人说过的词语不说了。

生：激动。

生：兴奋。

生：紧张。

生：期待。

师：老师也有点儿紧张。你们愿意帮助我吗？

生：愿意。

师：那你打算怎么帮助我？

生：积极举手发言。

生：你忘了就提醒你。

师：有你们的帮助，那我就吃了定心丸了。别忘了，如果老师讲错或者写错，也要及时给我提个醒，好吗？

生：好！

师：那咱们就开始上课吧！我们先来进行一个记忆力测试，请看大屏幕。

大屏幕显示：

读一本好书，就像和睿智高尚的人谈话；

读一本好书，就像交了一位良师益友；

读一本好书，就像享受了一顿精神盛宴；

读一本好书，就像打开了通往智慧的大门。

师：给大家一分钟的时间，看谁能把这段话背下来。

生：读一本好书，就像和睿智高尚的人谈话；

读一本好书，就像交了一位良师益友；

读一本好书，就像享受了一顿精神盛宴；

读一本好书，就像打开了通往智慧的大门。

师：读一本好书——

生：（深思片刻）就像品尝一杯甘甜的美酒。

师：读一本好书——

生：就像在知识的海洋里痛快地游了一次泳。

用师生合作的方式，看看学生一分钟时间能记住几句。同时我还会用相同的句式启发学生创造，"读一本好书"后面还可以怎么说。"语文姓语"，这是大家常说的一句俗语，它简明地表达了语文教学的基本特征。语文是工具，既然是工具，就需要学习训练，需要积累运用。学习语言，不是依靠理性分析，而是靠语言的直接感受和积累，所以我设计这个环节就是为了达到积累和运用语言的目的。关注学生记忆力的培养，在课的开头拿出几分钟来让学生训练记忆力，同时也积累孩子的语言。5 至 12 岁是人记忆力的黄金时间，记忆力下降是心态造成的，老师能够处理好理解和记忆力培养的关系。

二、谈话导入，走近主人公

师：喜欢交朋友吗？

生：喜欢。

师：希望交什么样的朋友？

生：喜欢交诚信的朋友。

生：喜欢交愿意帮助我的朋友。

生：喜欢交愿意不骗我的朋友。

师：还是诚实守信。别人说过的词语不说。

生：喜欢交患难与共的朋友。

生：喜欢交同甘共苦的朋友。

生：喜欢交有正能量的朋友。

这是学生感兴趣的问题，对于中年级的孩子来说，也是一个积累词语的过程。问题简单，学生就能联系自己的生活实际畅所欲言，可以把这些表现的机会给平时不爱回答问题的学生，让学生在情绪高涨中展示自己的才能，增强他们的自信心。

师：今天老师向同学们介绍一位朋友，他的名字叫"埃米尔"。（板书：埃米尔）认识他吗？他生活在伦纳贝亚村，卡特胡尔特庄园。（板书：伦纳贝亚村，卡特胡尔特庄园）请你把这三个词连起来说一句话。

生：埃米尔生活在伦纳贝亚村的卡特胡尔特庄园。

师：好的，可以换一种说法吗？

生：伦纳贝亚村的卡特胡尔特庄园住着埃米尔。

生：卡特胡尔特庄园的埃米尔住在伦纳贝亚村。

师：这么说，感觉有点怪，一般情况大的地名要套着小的地名说，别人听起来比较清楚。你再说说看。

生：有一个叫埃米尔的小男孩，他的家在伦纳贝亚村的卡特胡尔特庄园。

师：非常好！想不想知道他的样子？

生：想。

师：读大屏幕上的句子。

生：他有着一双圆圆的眼睛；他有个红扑扑的圆脸蛋；他还长着一头卷曲的浅色头发。

师：你的脑海是否勾勒出他的形象？

师：来看看埃米尔的照片吧！（出示埃米尔的图片）你觉得埃米尔长得怎么样？

生：有点帅。

师：埃米尔不仅长得帅，而且成天喜欢戴一顶蓝色的帽子，因此看上去简直"帅呆了"；埃米尔不仅"帅呆了"，他还喜欢背着一支用木头刻成的枪，背着枪的埃米尔简直"酷毙了"。希望和这样帅呆了、酷毙了的帅哥交朋友吗？

生：希望。

师：但是，埃米尔不会讲普通话，他只会说伦纳贝亚方言。例如，他想要自己的帽子的时候，他不会说"我要我的帽子"，而是说"我要'俄的猫子'"。他想要自己的枪的时候，也不会说"我要我的枪"，而是说"我要'俄的墙'"。

师：每天晚上睡觉时，埃米尔总是喜欢抱着自己的帽子和枪一起睡觉。因此，睡觉前，埃米尔总会对妈妈说两句话——

生：我要"俄的猫子"！我要"俄的墙"！

师：每天早晨一睁开眼睛，埃米尔也会说两句话：我要"俄的猫子"！我要"俄的墙"！每次出门前，埃米尔都会说两句话——

生：我要"俄的猫子"！我要"俄的墙"！

师：于是，埃米尔会戴着帽子，背着枪上路。

师：戴着帽子的埃米尔就是这样帅，背着枪的埃米尔就是这样酷。这就是埃米尔，一个瑞典小男孩。希望和他交朋友吗？

生：希望。

教师寻找容易引起儿童愉快情绪的内容作切入点。从埃米尔的形象图片，再到他的典型方言"我要'俄的猫子（帽子）'""我要'俄的墙（枪）'"入手，让学生一边听一边说，他们会乐不可支，会一下子就爱上这位淘气、可爱的埃米尔。

孔子说："知之者不如好之者，好之者不如乐之者。"美国教育心理学家布罗姆说："学习最好的兴趣，是对学习的材料有了兴趣。"有了兴趣，学生就能克服学习上的困难，变苦学为乐学，不知不觉立足于学习的主动地位，取得好的学习效果。

三、走进埃米尔的故事

师：可是，帅哥埃米尔太淘气了。淘气到什么程度呢？默读下面这段文字你就知道了。

大屏幕显示：

在伦纳贝亚村没有一个人，我敢保证，不认识村民中最酷的那个小男孩埃米尔。那个埃米尔淘气、闯祸的次数比一年365天还多，他把村民们吓坏了，所以他们想把埃米尔送到美国去。哎呀，这是真的！伦纳贝亚村的村民募捐，把钱装在一个口袋里，送给埃米尔的妈妈，并且说："你们如果把埃米尔送到美国去，这些钱大概够了。"他们认为，如果埃米尔不在那里，伦纳贝亚可能会安静一些，他们想得当然有道理，不过埃米尔的妈妈大发雷霆，把钱扔了，硬币飞得整个伦纳贝亚到处都是。

师：从这段话中，你捕捉到什么信息？

生：我觉得大家都不喜欢埃米尔，因为他太淘气了。

生：他们还拿钱给埃米尔的妈妈，让她把他送到美国去。

生：埃米尔的妈妈很生气，她才不干呢！这说明他妈妈很爱他。

默读这段话，从这段话中捕捉到了什么信息？这节课的目标是推荐孩子读整本书。尽管如此，老师还是要让学生与文本接触。静默，才能让每个学生都与文本"零距离"接触。文本的意义是学生在阅读过程中自行发现、自行建构起来的，要让学生自己阅读，自己学会阅读。因此老师要给学生自我感悟、潜心会文的时间。

师：那他究竟有哪些淘气的事情呢？猜一猜。

生：他可能不听妈妈的话，在外面玩到很晚都不回来。

生：他可能不记得写作业，被老师投诉。

生：他可能在外面跟小朋友打架，受伤了。

生：他还可能逃学，去菜地里拔人家的菜。

> 爱因斯坦说："想象比知识更重要！"小学生的思维以具体形象思维为主要形式。画面是对现实情境的直观显示，是帮助学生进行形象思维的阶梯，也是启发、引导学生展开丰富想象的直接凭借。《语文课程标准》指出：在发展语言能力的同时，发展思维能力。在语文教学中注意培养学生的想象力，对学生学习语文知识、积累语言、提高语文素养等具有十分重要的作用。"猜"是激发阅读期待的一种很好的方式。刚开始，老师让学生猜图片上可能讲的是一件什么事情，指导学生简单地表述一件事情要讲清楚事情的起因、经过和结果。学生猜测了种种可能发生的事情，既锻炼了学生的想象能力，又锻炼了学生的口头表达能力。接着老师以大声读的形式引入文本，把文字转化成画面，文字就活起来了。这种方式简单有效，让学生在与原文的对照中学习语言，学习作者的表达方式。

师：看图，埃米尔曾经把头伸进了汤罐子！想一想，这可能是怎么回事呢？你能用一段话把这个故事说完整吗？

生：我觉得可能埃米尔不想上学，想躲到汤罐子里面，这样卡住了就不用上学了。

师：要把事情的起因、经过和结果说得相对比较具体。

生：有一天，埃米尔在家里喝汤，他太贪吃了，所以就把头伸进汤罐子里，结果拔不出来了。

师：到底是怎么回事？听老师读读，看一看与你猜想的一样不一样？最有意思的是什么？埃米尔给你什么印象？（老师大声读故事）

大屏幕显示：

5月22日　星期二（节选）

这一天卡特胡尔特庄园晚饭吃肉汤。丽娜把汤盛在一个带花纹的汤罐里，大家坐在餐桌周围喝汤，特别是埃米尔喝得最起劲。他喜欢喝汤，听他喝汤的声音就能听出来。

"你一定要喝得这么响吗？"他妈妈问。

"不响怎么知道在喝汤。"埃米尔说。实际上他是这么说的，"不响咋晓得在喝汤。"不过我们就别管他怎么说的，他讲的是斯莫兰方言。

大家都抢着喝，最后汤罐空了，就罐底还剩下一点儿根儿。这点儿根儿埃米尔也要喝，唯一的办法就是把头伸进汤罐里，把底儿吸干净。埃米尔真的这样做了，他们听见他在里边吱吱地喝。喝完了他应该把头退出来，这谁都知道，可是退不出来了！他卡在里边。这时候埃米尔害怕了，他从餐桌旁边蹦起来，头上卡着汤罐子，就像戴着一顶钢盔。汤罐子往下奔拉着，把他的眼睛和耳朵都盖住了。埃米尔一边使劲往上推，一边喊叫。丽娜也不安起来。

"我来试试吧。"阿尔弗雷德说。他是一个身体强壮、非常能干的长工。他用双手紧紧夹住汤罐子，用力提向空中，但是你猜怎么着？把埃米尔给带起来了。因为他被卡得太紧了。他悬在空中，两条腿乱蹬，想够着地。

"别再弄了……放开我……别再弄了……我说过了！"他喊叫着。阿尔弗雷德只好作罢。

埃米尔戴着汤罐子走进医生的候诊室时，那里坐满了人。所有的人马上对他产生了深深的同情。他们心里明白，发生了某种不幸。只有一个讨厌的小老头儿笑起来没完没了，好像头被卡在汤罐子里是一件有趣的事情。

"哈哈哈，"老头儿说，"你的耳朵冷吧，小伙子？"

"不冷。"埃米尔说。

"真的？那你为什么把那玩意儿戴在头上？"老头儿问。

"不戴我的耳朵就该冷了。"埃米尔说。虽然他年龄很小，但确实能让人觉得他很风趣。

随后埃米尔来到医生身旁，医生没有笑他。他只是说："你好，你好！你在那里边做什么呢？"

埃米尔看不见医生，但无论如何也要问医生好，所以他戴着那个汤罐子深深地鞠了个躬。这时候，"嘭"的响了一声，汤罐子从中间裂开了。因为埃米尔戴着汤罐子的头重重地碰到医生的写字台上。

解放了的埃米尔非常高兴，天渐渐地黑了，埃米尔和小伊达想去睡觉。他们走进厨房，想看一看他们的妈妈是否在那里。她没在。那里没有一个人，只有那个汤罐子。它摆在桌子上，已经被粘好了。

"你怎么就把脑袋弄到汤罐子里去了，埃米尔？"小伊达问。

"不费吹灰之力，"埃米尔说，"我就这样一来。"

正在这个时候，埃米尔的妈妈走进厨房。她第一眼就看见埃米尔站在那里，头上戴着汤罐子。埃米尔使劲往下拔汤罐子，小伊达喊叫着，埃米尔也喊叫着。因为现在他又被卡住了，跟过去一样紧。

　　读给孩子听是最吸引孩子的阅读形式，它给予孩子畅快的阅读享受。用耳朵倾听美妙的故事，没有别人勒令的痛苦，也没有生字的羁绊，纯粹处于一种放松的愉悦状态中。老师会在诵读中将自己的情感和文本的情感融于一体，直接传达给孩子，给孩子情感熏陶。当老师和孩子共同沉浸在文字营造的那份美好情感中，那种美妙不是我们苦口婆心地进行说教所能代替的。五岁的淘气包埃米尔，喝汤时将头卡在汤罐子里了，这可怎么办呢？学生在猜测的过程中，既提高了语言表达能力，又产生要读下去的强烈欲望。学生猜测之后，老师大声地朗读原文，让学生有恍然大悟之感。猜测和原文的对比，让学生再一次受到经典美文的熏陶，在学习语言的同时，又进行思维的培养，同时也不经意地把遣词造句、布局谋篇的技巧巧妙地传递给认真倾听的孩子们。

师：你听出什么来了？
生：埃米尔很搞笑，也很幽默。
生：埃米尔死要面子活受罪。
生：埃米尔不吸取教训，又制造麻烦了！
师：埃米尔的淘气何止这一件事。请大家看：（出示图片）埃米尔把妹妹小伊达当作国旗升到旗杆顶了。
师：他曾经把猪血扣在爸爸的头上。（出示图片）
师：他曾经用放大镜点燃了教长夫人的头发。（出示图片）
师：他还曾经把自己的爸爸关进茅厕。（出示图片）
师：他曾经把爸爸的靴子当作容器盛满了水，把青蛙放进送咖啡的篮子里……总之，大家一起去读读这段话。

　　可根据插图猜故事，老师出示故事中一幅幅精彩的画面，任由学生猜测。这时，老师不讲书上的内容，留下悬念。此时此刻，埃米尔淘气的形象也在孩子们心中变得丰满，他们产生了强烈的阅读渴望，恨不得立刻把这本书找来读一读。

生：他是个不折不扣的小淘气包！无论他走到哪里，都要把那个地方弄得鸡飞狗跳，不得安宁。
师：真的无法列举。这儿有一个数字，埃米尔每次淘气后，爸爸都会把他关进庄园的木工房里，埃米尔就在木工房里刻木头小老头儿，他的手艺非常好。关一次，埃米尔就刻一个木头小老头儿。现在，木工房里已经整齐地摆放着 369 个精致的木头小老头儿。这样的一个淘气包，知道他后来怎么样了吗？

（出示：可是，就是这个淘气包，最后竟然成为社区委员会的主席，而且是伦纳贝亚村最有出息的男人。埃米尔的伟大举动受到了全伦纳贝亚人的称赞，他的淘气被人们遗忘和原谅。这又是怎么回事呢？）

（生发出惊叹）

　　问题激发思考，适时有效的课堂提问是非常重要的教学手段，教师只有充分利用这一手段，才能牢牢控制课堂教学的节奏和方向，从而为学生更好地走进文本、感悟文本、对话文本做好铺垫。

师：一定还有故事，对吗？

（出示：埃米尔与小可怜儿的故事）

师：他帮助长胡子的女人捉住了横行乡里的盗贼。（出示图片）

师：他为孤寡老人准备了丰盛的圣诞晚宴。（出示图片）

师：他机智地惩罚母老虎般的济贫院的女领班。（出示图片）

师：最让伦纳贝亚人感到自豪的是，在风雪夜，埃米尔只身一人将长工阿尔弗雷德从死亡线上拉了回来。（出示图片）

师：看着这些图片，你对埃米尔有什么新的认识？

生：我觉得他善良。因为风雪夜他只身勇救长工阿尔弗雷德。还有，他为孤寡老人准备了丰盛的圣诞晚宴。

生：我觉得他勇敢，因为在风雪夜埃米尔只身一人将长工阿尔弗雷德从死亡线上拉了回来。

生：我觉得他聪明，他机智地惩罚母老虎般的济贫院的女领班。

生：我觉得埃米尔有正义感。

四、介绍书籍、作者，推荐阅读

师：想知道埃米尔在哪儿吗？他出自一本书。

（出示书籍封面《淘气包埃米尔》）

师：这本书的作者是瑞典作家林格伦。（出示图片）林格伦，瑞典的民族英雄，人称"童话外婆"。她成功地用自身的作品，为全世界的孩子留下了一个又一个永远不会长大的童年伙伴。如长袜子皮皮、淘气包埃米尔，还有小卡莱，以及那个会飞的小人卡尔松。（依次出现封面）

师：认识这些人物吗？

生：我读过《长袜子皮皮》。

生：我也读过。

师：正因为这些不会长大的童年伙伴，"童话外婆"林格伦一下子被全世界的儿童所熟知。她的作品被翻译成 86 种文字，发行量达到 1.3 亿册。把她的书摞起来有 175 个埃菲尔铁塔那么高，把它们排成行可以绕地球 3 周。

> 阅读期待除了来自作品本身，有时还源于对作者的喜爱，或者对作者、对作品影响力的好奇心。《淘气包埃米尔》是国际安徒生大奖得主林格伦的作品，老师出示了这样几个数字"译成 86 种文字，印了 130 000 000 册，摞起来 175 个埃菲尔铁塔高，排起来绕地球 3 圈"，这些数字让学生吃惊不已，阅读向往随敬佩之情油然而生。

师：（出示《淘气包埃米尔》一书目录，再次激趣）这是这本书的目录。快速浏览，说说你还对哪些故事感兴趣？

> 研究书的目录，以弄清该书的大致结构，像旅游者利用导游那样利用它，看自己还渴望读到哪个故事。儿童的活动受兴趣和需要的支配，在课堂上要让他们乖乖地坐上四十分钟，不是一件容易的事情。要使小学生在整堂课上保持良好的学习状态，教师不仅要想方设法激起学生的兴趣，更要随着课堂的纵深发展，调整思路，将学习的兴趣保持下去。这节课我从谈话开始激发孩子们的兴趣，到图片激发孩子们的兴趣；从故事激发孩子们的兴趣，到问题激发孩子们的兴趣；从作者的介绍激发孩子们的兴趣，到阅读目录激发孩子们的兴趣，以一个"趣"字贯穿于整节课的教学之中，让学生对阅读产生强烈的渴望。让他们不仅对《淘气包埃米尔》产生阅读的兴趣，对林格伦的其他书籍也产生兴趣；不仅对林格伦的作品产生阅读的兴趣，对外国儿童小说也产生阅读的兴趣，进而对儿童小说也产生兴趣。这样语文这个小课堂就和生活这个大世界紧紧地结合起来了。孩子们在课堂上轻轻松松、快快乐乐、精神专注、积极投入，没有丝毫"累"的感觉，也达到了激发孩子们对书产生兴趣的目标。

生：我对"埃米尔把小伊达当国旗升到旗杆顶"这个故事感兴趣。

生：我对"埃米尔把青蛙放进送咖啡的篮子里，随后闯下几乎说不出口的大祸"这个故事感兴趣。

生：我对"卡特胡尔特进行家庭宗教教义考问，埃米尔把自己的爸爸关进茅厕"这个故事感兴趣。

师：给大家推荐一个读书小窍门。（大屏幕显示：在选这本书的时候，先看看这本书的封面，再看看作者简介，接着浏览目录，看内容简介，最后翻翻精彩环节，细细去品味）

五、总结谈话

师：这节课就要结束了，你现在的心情是什么样的？

生：我很激动。

生：迫不及待了，我要去把这本书找来读。

师：有同样感受的同学举手。

（几乎全班都举手）

师：太好了，这节课我设定的目标就是让你们想读这本书，看来老师还是发挥了一点儿作用。既然你们喜欢读这本书，能不能完成一项作业——读完以后做一张好书推荐卡，把这本书推荐给别的班的同学？

师：要知道好的老师都是优秀的学生培养出来的，这节课还有没有需要老师改进的地方？能不能给我一点儿建议？

> 新课程标准提出建设开放而有活力的课程，课堂是民主、平等、对话的过程，学生也应该可以对老师的教学发表评价。孔子说：三人行，必有我师。正所谓教学相长，让学生发表自己的评价，不仅体现了新课标的教育理念，也让教师体验到和学生共同成长的乐趣。

生：完美。

师：你的评价太高了，我很惭愧。刚才老师讲课的时候都把书里的内容给忘了，需要把书拿来读，你们对我这么宽容，真的很感谢你们，咱们合作得很好！希望以后有机会再合作。谢谢同学们，再见！

生：老师再见！

📖 同行点评

肖老师的课有名师的理念和基本功，课堂教学扎实灵动。这节课的目标是让孩子读得有趣，从而让孩子养成课外阅读的习惯。老师先让孩子们说说自己此刻的心情，让学生来帮助老师，自然而然就把学生当成课堂学习的主人。接着老师出示主人公、地点，充分发挥文字与插图的作用。文字书的教学，既关注文字又关注插图，双重载体激发孩子的阅读期待。课内阅读的语文课，更关注学生的问题，将文字转化为画面；而课外阅读的语文课，则是激发孩子的阅读期待。猜，是激发阅读期待的一种很好的方式：刚开始，老师让学生猜图片上讲的可能是一件什么事情，指导学生简单地表述一件事情要讲清楚事情的起因、经过和结果。

学生猜测了种种可能发生的事情，既锻炼了学生的想象能力，又锻炼了学生的口头表达能力。接着老师以大声朗读的形式引入文本，把文字转化成画面，文字就活起来了，这种方式简单有效，让学生在与原文的对照中学习语言，学习作者的表达方式。

（杭州市教研员　刘荣华）

以读代讲、品词析句，在情境中体验古诗的美

——四年级《黄鹤楼送孟浩然之广陵》课堂实录

教材分析

《黄鹤楼送孟浩然之广陵》是人教版四年级上册第六单元——"人间真情"中的一首古诗。通过学习本组课文，让学生感受人与人之间纯真的感情，体会互相关爱带来的快乐与幸福。让学生学着关心、帮助他人。

《古诗两首》是本单元的第一篇课文，《黄鹤楼送孟浩然之广陵》是开篇之作。这首诗是唐代大诗人李白写的千古传颂、脍炙人口的送别诗，描写的是送别好友时的依依惜别之情，同时也写出了祖国山河的壮丽美好。诗的前两行叙事，后两行写景。诗人巧妙地将对好友的一片深情寄托在动态的自然景物描写之中，将情与景自然交融在一起。

学情分析

这首名诗，学生并不陌生，有的学生甚至已能背诵，四年级学生已经掌握了一些学习古诗的方法，但他们对文本的深入理解还需教师的指导，才能与诗人引起情感的共鸣。根据新课程标准对小学四年级语文教学的要求、教材特点及单元训练要点，结合学生的实际情况，设计如下。

教学目标

1. 认识"鹤、孟"等12个生字。
2. 正确、通顺、有感情地朗读并背诵这首古诗。
3. 理解诗句的意思，体会诗人的情感。
4. 培养学生的语言表达能力、自主学习能力、想象思维能力。

教学重点、难点

1. 初步学会探究性学习，使不同层次的学生都学会读中有思、读中有悟、读中有得。
2. 体会诗中丰富复杂的情感，培养学生热爱语文的情感。

教学过程

一、课前预热

师：肖老师是第一次到阶梯教室来上课，你呢？

生：我也是第一次到阶梯教室来上课。

师：除了上课的地点不同，还有什么和平时不一样的地方？

生：平时是唐老师给我们上课，今天是肖老师给我们上课，平时教室里没有那么多老师来听课，今天有很多老师来听课。

师：人不同。

生：平时我是比较放松的，换了个地方，今天我觉得有点儿紧张。

师：心情不同。不错！我也有点儿紧张，你能说一两句安慰我的话吗？

生：肖老师，你要深呼吸，这样可以放松心情。

生：我们会认真听讲，大声发言，你要放心。

师：你们都能这么做吗？

生：能。

师：那好，谁来告诉我，我们今天要学习的课题是——

生：第 20 课《古诗两首》。

师：我们先来学习第一首《黄鹤楼送孟浩然之广陵》。

二、猜字解题

师：先请同学们猜一个字，答案就在诗题中。（出示篆书"送"字）

生：我认为这是个"楼"字。

师：你可真会说话，没有把握的看法你能加上"我认为"三个字，表示仅仅代表自己的观点。

生：好的。我认为是"鹤"字，因为这个字看上去比较复杂。

师：还把自己猜测的理由讲出来啦！很好。不过你猜得不对，这个字是篆书的"送"字。这个字原本是指两个人打着伞送新娘出嫁，后来演变成了送别的意思，字的左半边读"cuo"，意思是走走停停。你们有过送别的经历吗？当时你们的心情怎样？

生：我去年送我外公回北京，当时我心里特别舍不得。

生：我去年送我表姐回老家，当时我心里特别难过。

> 猜字谜这个游戏是学生们喜欢的方式。要让学生对教师所教的内容感兴趣，教师就要有一些吸引学生的活动和方法，让学生心入其境，为学习知识创设良好的学习情境，为整个教学过程创造一个良好的开端。另外新课标也明确规定，语文教学要帮助学生理解祖国的语言文字，提高对祖国语言文字的认识，培养热爱祖国语言文字的感情。汉字不仅有独特的文化解读功能，也沉淀着中华民族的思维方式，在语文课上讲讲古汉字可以提高学生的语文素养。这样起到一举两得的作用。

师：有过送别的经历、有过同样的情感的同学请举手。那我们就不一一细说，带着这样的心情把"送"字放到诗题里读一读。

生：（声情并茂读诗题）黄鹤楼送孟浩然之广陵。

师：题目用现在的话来说意思就是——

生：在黄鹤楼这个地方，李白送孟浩然到广陵去。

师："之"就是——

生："去到"的意思。

师：你怎么知道的？

生：我预习时知道的。

师：看来预习是学习知识的好方法。广陵就是——

生：扬州。

师：课文中有句诗叫作"烟花三月——"

生：下扬州。

师：对了，同学们预习得真好。课题中还有个表示地点的词语是——

生：黄鹤楼。

师：说说你们对黄鹤楼的了解。

生：（略）

生：（略）

师：在诗题中还有两个人物信息，一个是李白，一个是孟浩然。说起这两个人，还有一段故事：话说李白年轻的时候，风流潇洒，挎着一把宝剑，背着一壶美酒，离开家乡，云游天下，路过湖北襄阳的时候遇到了名满天下的大诗人孟浩然。孟浩然比李白大了整整十二岁，但是年龄的差距丝毫不影响两个人之间的交往。两人一见如故，相见恨晚。他们成天在一起听风赏月，游山玩水，吟诗作对，成了无话不谈的好朋友。一天，孟浩然接到一纸批文，要到远在千里之外的扬州去任职。朝夕相处的好朋友即将分别，心里一定是难舍难分，于是李白就写下了这首脍炙人口、流传千古的送别诗。下面我们就一起来学习它。

课题是文章的眼睛，是心灵的窗口。有了预习的基础，学生很快就可以讲出题目的意思：在黄鹤楼这个地方，李白送孟浩然到广陵去，"之"就是"去到"的意思，广陵就是扬州。同时通过收集的资料，基本弄清楚黄鹤楼这个地方：黄鹤楼，天下江山第一楼。位于湖北武汉武昌长江南岸蛇山峰岭之上。相传始建于三国，唐时名声始盛，这主要得于诗人崔颢"昔人已乘黄鹤去，此地空余黄鹤楼"诗句。同时通过讲故事的方法，让学生了解李白和孟浩然之间的深厚情谊。这样学生们就对诗歌写作的背景清清楚楚，这为学生后面理解诗歌的意境、体会诗歌的情感做好铺垫、打好基础，使老师的"教"与学生的"学"能收到事半功倍之效。

三、初读古诗

师：自由读、反复读，读准字音，读通诗句，试着读出诗的节奏。

（生自由连读）

师：谁来读？

生：（读）

师：读得字正腔圆，字字有交代，很好！谁再来读，读出节奏。

生：（读）

师：读得有板有眼，有点儿味道。谁能再慢一点，让我们感受到古诗的意境。

生：（读）

师：真好！我们一起来读，老师读前面四个字，你们读后面三个字。（师生轮读）

师：读出节奏、读出意境还不够，还要读懂。

"书读百遍，其义自见。""读"是语文学习最常用的学习方法。我首先提出了读书的要求：一是自由读，反复读，读准字音，读出节奏，试着读出诗的意境。学生听明白要求之后自由练习。然后通过指名读，同学倾听评价，相机指导。我要求学生逐渐从字正腔圆地读，字字有交代，到轻重缓急，读出节奏，再到注意平仄，读出意境，最后学生在教师打手势指导下朗读，教师参与到学生的朗读当中，让学生不断地提高朗读水平。读的次数多，形式多，但是每一次读都有不同的要求，不是简单的重复，然后达到提高朗读能力的目的。在一次次的朗读中，学生也渐渐能够耳熟能详，熟读成诵，并在一次又一次饶有兴味的朗读中，品味古诗独有的韵律之美。

四、理解古诗

师：学贵有疑。同桌交流，你是怎么理解这首诗的，有哪些不理解的地方，可以问问同学，也可以问问老师。

（生交流讨论）

师：你们有什么问题？

生："西辞"是什么意思？

师：好，你把这个词写在黑板上。

（按照这样的方法，学生逐一写上：烟花、孤、天际、尽）

师：同学们问得很好。我们一起来理解。"故人"就是——

生：老朋友，这里是指李白和孟浩然。

师：他们是"志同道合"的老朋友，还可以说是什么样的老朋友？

（生：情同手足、亲如兄弟、心灵相通、生死与共……）

师：这样的好朋友在哪里辞别？

生：黄鹤楼。

师：为什么说"西辞"？（通过链接地图帮助学生理解、弄清位置及含义）

师：什么时候送别？

生：三月。

师：为什么说是烟花三月？烟花三月是怎样的三月？

（播放音乐及图片，让学生想象烟花三月的景象）

生：是鲜花盛开的三月，是杨柳依依的三月，是花团锦簇的三月，是鸟语花香的三月，是草长莺飞的三月。

师：还可以用哪些诗句来形容这样的三月？

生：草长莺飞二月天，拂堤杨柳醉春烟。

生：等闲识得东风面，万紫千红总是春。

生：日出江花红胜火，春来江水绿如蓝。

生：留连戏蝶时时舞，自在娇莺恰恰啼。

师：说得真好，就是这样的三月，花团锦簇，绣户珠帘，可是李白的眼中却是——

生：孤帆远影碧空尽，唯见长江天际流。

师："尽"是什么意思？

生：孤零零的小船越来越远，最后消失在蓝天的尽头，只看见滚滚江水浩浩荡荡向天边流。

师：大唐盛世，长江两岸应该是游人如织，江面应该是千帆竞渡才对，怎么可能是孤零零的一艘小船呢？

生：这里表现了李白的不舍。

师：还有别的感受吗？

生：还有难过。

生：悲伤。

生：失落。

生：惆怅。

师：千帆过尽皆不见，一心只有孟浩然，此时此刻，他的眼里只有（生：孟浩然）——他的心里只有（生：孟浩然）——所以他看到的只是一片孤帆。

师：文字是诗歌的外衣，情感就是诗歌的灵魂，全诗 28 个字，没有一个情字，同学们却读出了各种各样复杂的情感。读读全诗，用声音表情读出你对这首诗的理解，最好是能背下来，还可以加上动作。

（生自演自背）

　　品析诗句、感悟诗境这个环节，我先让学生分组交流讨论自己对这首诗的理解，不明白的地方提出来。俗话说："学贵有疑，大疑则大进。"语文学习也要培养孩子思考和质疑的本领。孩子交流质疑之后，让孩子把自己的问题写到黑板上，有些问题可以让孩子互助，让孩子解决，老师的重点是帮助孩子理解"西辞""烟花三月""孤""尽"这几个词语。我会在课件上先出示诗歌的前两行，让学生来讲讲古诗的意思。孩子们有了预习的基础，基本上没有问题，但不一定是真的懂，我会出示地图，让孩子指出黄鹤楼的位置，在地图的帮助下孩子们很快就理解了"西辞"到底是怎么回事，"烟花三月"又是怎样的三月。我准备了一组阳春三月的图片，伴着一段轻柔舒缓的音乐，让孩子看图片、听音乐，再闭眼想象画面，提问：你的眼前看到了怎样的三月，你的脑海浮现了怎样的三月？引导学生说出这是姹紫嫣红的三月、百花盛开的三月、花团锦簇的三月、繁花似锦的三月、杨柳依依的三月、莺歌燕舞的三月等等词语。然后我再启发学生说说你心里又会涌现出怎样的诗句，如草长莺飞二月天，拂堤杨柳醉春烟；等闲识得东风面，万紫千红总是春；竹外桃花三两枝，春江水暖鸭先知，等等。在课堂上设计了这个环节，最大限度地调动了学生对词语、对古诗积累的兴趣，而且还为体会诗人要表达的情感做了很好的铺垫。

　　这两句诗不仅仅是叙事，也描绘了美丽的阳春三月，但是如此美景诗人无心赏玩，诗人眼中看到的景物是什么呢？出示诗歌的三四句，"孤帆远影碧空尽，唯见长江天际流"。让学生画出诗人眼中的景物。为什么花团锦簇看不见？为什么长江作为大唐盛世的交通要道，作者对千帆竞发的场面却看不见呢？"尽"字怎么理解，"尽"的是什么，"不尽"的又是什么呢？

　　文字是诗歌的外衣，情感就是诗歌的灵魂，全诗 28 个字，没有一个情字，通过老师的引导和启发，同学们根据自己的领悟和理解读出各种各样复杂的情感。有的读出了不舍，有的读出了忧伤，有的读出了失落，有的读出了惆怅，有的读出了向往，有的读出了难过……《语文课程标准》指出："阅读教学是学生、教师、文本之间对话的过程。阅读是学生的个性化行为，应让学生在主动积极的思维和情感活动中，加深理解和体验，有自己的感悟和思考，受到情感熏陶，获得思想启迪，享受学习语文的乐趣。创设的情景，是让学生自己去感受，并用自己的语言去描述感悟到的诗人要表达的感情、了解到的人物的内心世界，同时也在口语训练的过程中充分尊重了学生的个性化感受，让学生大胆表达自己对诗歌的理解和感悟。

五、欣赏古诗新唱《黄鹤楼送孟浩然之广陵》

六、课堂练笔

　　师：送君千里终须一别，此时此刻，此情此景，李白心里一定有很多想说却没有说出来的话，请你想一想，写一小段话。也可以用上我们学过的送别的诗句。

　　此时此刻，背诵应该是水到渠成的事。语文教学有两个重要的任务：一个是以读促读，一个是以读促写。"请你想一想，写一小段话"作为一次课堂的小练笔正好体现新课标的理念。

　　生：海内存知己，天涯若比邻。
　　师：好的。
　　生：莫愁前路无知己，天下谁人不识君？
　　师：好的。
　　生：滚滚长江东逝水，不及我送孟兄情。
　　师：能模仿古人改诗，真棒！
　　师：下课的时间快到了，人虽分，情永在，一样的深情，不一样的故事。下节课我们还要学习另一首送别诗，同学们也可在课后收集送别的古诗，回来跟大家交流分享。下课，谢谢同学们。

老师要做到"课结思不断"，让学生通过这节课掌握学习古诗的方法，在课下继续学习古诗，不仅打开学生的视野，而且活跃学生的思维，使学生更好地理解作品，自主地阅读诗歌，激发了学生对我国传统诗歌的热爱。内外有机结合，会让学生乐意去读，自觉去读，潜移默化地养成良好的阅读古诗的习惯。

同行点评

　　古诗词是阅读教学的重要组成部分，是我国古典文学中的精华，是陶冶学生情感、增强语言文字修养、提高审美鉴赏能力的好教材。但是就小学生而言，要理解古诗词中的辞藻、典故、情感等，还是有很大的难度。我们应该怎么教？教到什么程度？我一直都有很大的困惑。肖老师的这节课给了我很大的启发。听完这节课，感受最深的有三点：

　　一、以读代讲层层推入

　　古诗之美，在于它的音韵美、格律美、节奏美，因此古诗的朗读指导是古诗教学的重中之重。读多了，读顺了，自然也就读通读懂了。"自由读、反复读，读准字音，读通诗句，试着读出诗的节奏""读出节奏""谁能再慢一点，让我们感受到古诗的意境""我们一起来读，老师读前面四个字，你们读后面三个字""读出节奏、读出意境还不够，还要读懂"。在这节课中，肖老师通过多样化的朗读指导，让学生反复诵读，为学生理解诗歌的意思和感悟诗歌情感打下了坚实的基础。一开始自由读、反复读，读准字音，读通诗句，试着读出诗的节奏。放手让学生自主朗读，也给了学生自主感受文本、体会文本的机会。在学生读的过程中，适时给予评价和指导，帮助学生读出轻重、节奏、平仄变化。接着老师读前面四个字，学生读后面三个字，通过师生轮读的方式又给了学生一定的示范和指导，以读代讲，层层推入，引导学生读好诗韵、读准诗意、读出意境。

　　二、剖析词句水到渠成

　　理解诗句的意思，体会诗人的情感是古诗教学的重要内容。四年级的学生已经学过一些内容比较浅显的古诗，初步掌握了看注释、查字典、结合生活实际理解诗句的意思的学习方法。因此在品析诗句、感悟诗境这个环节，肖老师首先让学生自读自悟、分组交流，学生根据自己已有的学习储备就已经理解了大部分词句的意思，这也是学生自主性学习的充分体现。接着再让学生把部分难以理解的字词写到黑板上，通过学生质疑、互助、教师指导等方式，很快地突破了对关键词的理解。对于一些离学生生活实际比较遥远、学生难以理解的问题，比如"为什么说西辞""为什么说是烟花三月，烟花三月是怎样的三月"这类问题，肖老师巧妙地借助外物和多媒体技术——通过链接地图帮助学生理解、弄清"西辞"

的含义，通过播放音乐及图片让学生想象烟花三月的景象。这样直接的方式让学生快速、深刻地理解了诗歌的意思，学生体会诗歌中蕴含的思想感情也就水到渠成了。

三、以诗解诗积累创造

古诗词作为中国文学史上的瑰宝，我们不仅要让学生会读、会背、会赏析，还要让学生学会运用，甚至会创造，这是学生语文学习能力的重要体现，也是我在语文教学过程中一直追求的目标。肖老师的课就很好地给学生提供了运用、创造的平台。在理解"烟花三月"描绘的景象中，肖老师首先让学生说一说这是怎样的三月，引导学生说出是鲜花盛开的三月，是杨柳依依的三月，是花团锦簇的三月，是鸟语花香的三月，是草长莺飞的三月。接着肖老师又问学生"还可以用哪些诗句来形容这样的三月"，顿时调动了学生的古诗词储备：草长莺飞二月天，拂堤杨柳醉春烟；等闲识得东风面，万紫千红总是春；日出江花红胜火，春来江水绿如蓝；留连戏蝶时时舞，自在娇莺恰恰啼。学生们纷纷用自己积累的古诗词描绘出了一个又一个五彩斑斓的春天。在课堂最后，肖老师还让学生用学过的送别诗句表达诗人感情，升华诗歌情感，以诗解诗。在这一过程中，学生们不仅能运用曾学过的诗句，更有学生能模仿古人写诗，自己创造出"滚滚长江东逝水，不及我送孟兄情"这样的诗句，从运用到创造，调动了学生学习古诗词的强烈兴趣，发展了学生的思维能力，也充分体现出本节课的教学效果，对我的古诗词教学有很大的借鉴意义。

（广州市天河区棠德南小学　马少君）

在"春风拂面"的感觉中学会自己批改作文

——四年级《那片绿绿的爬山虎》第一课时课堂实录

教材分析

《那片绿绿的爬山虎》是人教版语文课标实验教材四年级上册第七单元的第二篇精读课文，是作家肖复兴在1992年为纪念叶圣陶先生而写的回忆文章。文章记叙了叶老"为我修改作文""邀我做客"两件事情。课文篇幅较长，文字平和，可平和之中却带给读者心灵的震撼。

学情分析

经过三年的学习，学生已经积累了一定的识字经验，初步具有独立的识字能力。学习重点也由识字逐渐向阅读过渡。一些阅读方法已经基本掌握，如朗读、默读，借助图画、生活实际联系上下文理解词语。体会关键词句表情达意的作用和把握文章的主要内容，体会表达的思想感情，是四年级的学习重点和难点。

教学目标

1. 能正确读出"推荐、删掉、规范、燥热、融洽、黄昏、客厅、曲线、春风拂面、映入眼帘"等词语。
2. 能正确、流利、有感情地朗读课文。
3. 理清课文思路，理解"我虽然未见叶老先生的面，却从他的批改中感受到他的认真、平和以及温暖，如春风拂面"这个句子的深刻含义。
4. 初步学习修改作文的方法，感受叶老的认真、平和。

教学重点、难点

1. 理解"我虽然未见叶老先生的面，却从他的批改中感受到他的认真、平和以及温暖，如春风拂面"这个句子的深刻含义。
2. 初步学习修改作文的方法，认识两个修改符号，并能运用其修改句子中的问题。

教学过程

一、课前谈话

师：前几天，我的老师给我打电话，说："你能不能和雷老师一块上一节同课异构的课？"接到这个电话，我先是很高兴：有机会认识雷老师，认识这么多的大朋友小朋友，多好呀！可是我又很紧张，知道我紧张什么吗？谁来说一说？

生：您担心会上不好。

师：有这个担心。你很会猜！还有吗？

生：您担心在老师面前出丑。（大家笑）

师：是这样的。你们愿意帮助我吗？

生：（齐声）愿意！

师：你想怎么帮助我？想想。

生：尽量多举手回答问题。

师：你想说就说，不用举手了。这就是对我的支持。还有吗？亲爱的孩子，能不能这样：我说错了，你们告诉我；你们说错了，我告诉你们。反正谁知道正确答案，谁就告诉大家。好不好？

生：（齐声）好！

师：那我就没那么紧张了，反正有那么多小高手。那么，我们就开始上课了。

二、导入新课

（欣赏一组爬山虎的图片）

师：你们看到了什么？

生：（齐声）爬山虎！

师：那么我们很自然地就会想起我们学过的一篇课文，叫作——

生：（齐声）《爬山虎的脚》。

（投影出现一段话）

师：我读绿色的字，你们读红色的字。让我们一起把这段话读一读。

（师生配乐齐读）

师：请问作者是谁？

生：（齐声）叶圣陶！

三、人物介绍（投影）

师：就是这位老人。我在网上搜集到很多资料。让我觉得最有意思的就是：他曾经当过十年小学语文老师，后来又当了我国教育部的副部长。想了解他这个人，想了解他的事，想了解他的作品，下了课，同学们可以去找一些相关的资料来读一读。好不好？

生：（齐声）好！

师：今天我们就来学习关于他的一篇文章，题目就叫作——

生：（齐读）那片绿绿的爬山虎！

师：读得真好！预习了课文没有？

生：（齐声）预习了！

四、检查预习（投影生字词）

师：我给大家一分钟时间，准备听写。（一分钟后）拿出你觉得最好用的一支笔，摆正姿势。没有特殊情况，我一个词只报一次。

（听写中）

师：写完的同学坐正，用眼睛看着老师，那我就知道你写完了。写得出来吗？

生：（部分）写得出来。

师：有写不出来的吗？都写得出来？要说真话，写不出来的举手。（个别举手）正常。写不出来，正常；写得出来，超常！（生笑）我们一起来看一下，如果写错，今天晚上让爸爸妈妈再带你听写一次。

> 设计理念："凡事预则立，不预则废。"用听写的方式检查字词预习的情况有助于提高字词学习的效率，并且帮助学生养成良好的预习习惯。

五、讲读课文

师：用眼睛看着我。谁来告诉我，你在预习课文的时候，知道这一篇课文是讲了叶老先生和谁之间发生的事？拿到话筒就说，不要管老师有没有点到你，好吗？

生：肖复兴，作者。

师：就是文中的——

生："我"。

师：（板书：我）我这么写对不对？

生：不对。"我"要加双引号。

师：为什么呀？

生：因为不是我，也不是你，是肖复兴，是作者。

师：（加上双引号）非常好！那么课文写了他们之间发生的什么事呢？你们不是预习了课文吗？亲爱的同学们。

生：叶老先生修改"我"的作文。

师：（板书"修改作文"）修改作文。说得很好，还有吗？还有谁知道叶老先生和"我"之间发生了什么事？

生：叶老先生请"我"到他家做客。

师：谁能把两件事情连起来说？这篇课文写了——

生：这篇课文写了叶老先生帮"我"修改作文，然后，接下来的一个暑假，叶老先生请"我"到叶老先生家做客。

师：前一件事情说得很好，后面说得有点啰唆，谁能说得简洁一点？

生：叶老先生帮"我"修改作文，还请"我"到他家做客。

师：说得真好，就是这样。（生鼓掌）

> 设计意图：初步把握文章的主要内容是第二学段教学的重点和难点，特别是中下游学生更是有困难。因此，为他们提供说话的"阶梯"很有必要，先读课文，再思考主要写了谁，写了他们之间的什么事情，逐层导入，使全体学生都能说出课文大意。面向全体，尊重了每个学生的发展。

师：同学们，写人记事的文章，只要你说清楚谁干什么、谁怎么样，差不多一篇文章的主要内容就概括出来了。今天这节课，咱们就来学习第一部分，第一到五自然段，先来看看，叶老先生是怎样帮"我"修改作文的。请同学们快速地阅读课文，边读边画叶老先生帮"我"修改作文的句子，并把你的体会用简单的词写在这些句子旁边。同学们明白了吗？

生：（齐声）明白！

师：不出声，会思考，这就是默读的最高境界。（提醒生默读要求，拿起笔）同桌之间先交流一下。刚才下去看的时候，有的同学画了一处，有的同学画了两处，如果你和你的同桌交流的时候，他画到了这个地方，讲得又很有道理，但你却没有画到，你怎么办呢？

生：我要把这些地方画下来。

师：通俗一点，就是抄下来。别不好意思，抄也是一种学习。现在交流一下，开始。（提醒交流方式，一个人讲，一个人听，不要同时讲）

（交流结束，生坐正）

（师请生汇报，指导汇报方式：请同学们看第几自然段……）

生：请同学们看第三自然段……（生读句子）

师：你读得很好，找得也很准确。找到这一段的同学请举手。（大部分学生举手）这是最初"我"看到叶老先生帮"我"修改作文的情景。"我"的表现是？

生：（齐声）"愣住"。

师：什么叫"愣住"？

生：呆住。

师：有没有不同的理解？做一个表情，我看谁做得最像。（生做表情）傻了对不对？为什么？我们再读一读这段话。（生齐读）同学们，看看叶老先生的修改，你对这段话会有更深刻的印象。（投影）这可是一篇获奖的作文啊，所以我一拿到被修改的作文，一下子就愣住了。（板书"愣"）当"我"细看的时候，"我"又看到了什么呢？请同学们继续汇报。

生：同学们，我讲的是第四自然段……（生读句子）

师：亲爱的同学，你叫什么名字？你大声地告诉老师们。（生答）你今天很有勇气来读，虽然读得不怎么样，但是你经常练，一定会一次比一次读得有进步。你们班谁是读书读得最好的，这段话比较长，我就请他代表大家读一下。（生推荐，生读）

师：请坐，谢谢你的朗读。你读得确实非常准确，字字有交代。但是，如果练习多几次，你会读得更流利，对不对？我们每个同学，只要不断地进行朗读训练，就会一次比一次读得好。

师：亲爱的同学们，我们来看，在这篇文章里，叶老把"一张画像"改成了"一幅画像"，为什么这么改？

生：因为"幅"比"张"准确。

师：我们平常都说一张纸、一幅画，所以用一"幅"画像，我们就会感到用字准确。（投影：用字准确）我们再看这个句子，去掉"包"字，"书皮"改成"包书纸"。同学们都知道，这个书皮可以是指包书纸，也可以指书的封面，（生提供书本示范）改了之后，更加确切，句子也更加干净、规范。（投影：句子干净、确切、规范）

师：这里有两个符号，一个是删除，一个是删改。想知道这个"删"字是怎么来的吗？同学们看，古代的人都是把字写在竹片上，然后用绳子把它们串起来，就变成了这样的一册书。（投影古代书籍）最早人们是把文字写在龟壳或者兽骨上面，我们把这样的文字叫作——

生：（齐声）甲骨文！

师：你们真有知识！（投影甲骨文字）这就是甲骨文的"册"，后来演变成了金文（投影金文），再后来演变成了篆文、隶书（投影篆文、隶书），你们看是不是有点像现在的"册"字（投影楷书）？你们知道吗，古代的人写错了字，怎么办呢？

生：那整本书都没用了。

师：把它扔到火里烧掉？不对，再想。

生：用刀把那个字划掉。

　　教师引导学生体会语言，先是体会叶老修改的妙处，理解课文内容和体会表达融在一起。处理"删"字，课件演示由"册"的形象入手，出示多种字体的演变，让学生感觉到汉字的奇妙，并且留下深刻的印象。感受"删"，是在对"册"的感性认识上，用学生都能理解的方式，把"删"的字义带出来。这里的巧妙在于把汉字构字的规律揭示出来了。

　　师：对呀，"删"字就是加上了立刀旁。（投影"删"字）有意思吧？在这一段话当中，有一句话写出了作者的感受。请你快速地用波浪线画出来。首先画完的同学举手说"一"，第二说"二"。谁来读这句话？

　　生：我虽然未见叶老先生的面，却从他的批改中感受到他的认真、平和以及温暖，如春风拂面。

　　师：同学们想一想，叶老先生是教育部的副部长，他平时忙不忙？

　　生：忙！

　　师：可是他还是这么认真地给一个初中生批改作文，所以"我"有这样的感受。请把感受读出来：我虽然未见叶老先生的面，却从他的批改中感受到他的认真、平和以及温暖，如春风拂面。

　　师：音乐已经为你响起来了，和着柔柔的音乐，读。

　　生：我虽然未见叶老先生的面，却从他的批改中感受到他的认真、平和以及温暖，如春风拂面。

　　师：同学们看，（投影叶老批阅图）这幅图就是叶老先生年近七十，在灯下为"我们"批改作文。

　　生：（再读）我虽然未见叶老先生的面，却从他的批改中感受到他的认真、平和以及温暖，如春风拂面。

　　师：同学们，这春风仅仅是吹在脸上吗？

　　生：更是吹在"我"的心里。

　　师：一起读读。

　　生：我虽然未见叶老先生的面，却从他的批改中感受到他的认真、平和以及温暖，如春风拂面。

　　师：叶老先生还给我们写了这么一段评语，大家轻轻地读。（投影）

　　（生齐读）

　　师：有两个词对我们写作特别有帮助，请找出来。是哪两个词？画出来。

　　生：深受感动。

　　师：我们写作要深受感动？

　　生：具体事实、亲切自然。

　　师：作文要有具体事实，这样写出来会亲切自然。非常棒！但是我有一个疑问，在这篇作文当中，一千五百个字，叶老先生给他改了一百五十多处错误，他为什么在评语当中一个字都没有提到呢？

生：因为叶老先生想鼓励"我"。

师：如果叶老先生不这样说，"我"就会怎样？

生：失去信心。

生：自暴自弃。

生：崩溃。

师："我"就再也不写作文了，是吧？你们的表情是这样告诉我的。（生读句子）刚才还春风拂面，现在树立了信心。

师：三十多年以后，肖复兴走上了文学之路，也成了一名大作家，现在是北京市文联的副主席，但是对这件事仍然不能忘怀。让我们和肖复兴一起再来重温一下这件事情吧。

课件出示：

当翻到我的那一篇作文时，我_____

当我仔细看了叶老的修改后，我_____

当我看到叶老简短的评语后，我_____

师：你们可以用上课文当中的话，选择其中的一句，先试着填一填。

师：当翻到我的那一篇作文时，我——

生：愣住了。

师：当我仔细看了叶老的修改后，我——

生：感到叶老先生是一位带给我们温暖的人，如春风拂面。

师：当我看到叶老简短的评语后，我——

生：树立了写作的信心。

> 教师把重点转向指导学生读好作者的感受。叶老的修改体会得充分了，读者就和作者一样都有了感受。教师指导学生读，从三个角度，先是从读者感受的角度，再是从作者的角度，然后再从读者的角度。教师的提示语，是为了让学生的读达到更高的层次，也是把学生的理解引向深入，有利于学生认识叶圣陶这个人。

师：学到这里，你们能不能告诉我，好作文不仅仅是写出来的，还要怎么样？

生：还要好好地鼓励。

生：还要好好地修改。

师：所以就有"文章不厌百回改，仔细推敲佳句来"这样的说法。平时老师在上课时也会教给你们一些修改符号。（在黑板上出示常用的修改符号：增删改调）请你用上这些修改符号修改下面一段话（课件出示句子）：第二天我早上醒来时，看见桌上已经放着面包、牛奶和早餐，妈妈这么关注我，不知道说什么才好。

> 自评改习作是一种非常重要的语文基本功，"好文章是改出来的，不是写出来的"。对学生的作文也是同样的，"改"文章的主体也应该是学生。叶圣陶先生明确指出："'改'与'作'关系密切，'改'的优先权应该属于作文的本人，所以我想，作文的教学要着重培养学生自己改的能力。"《全日制义务教育语文课程标准（实验稿）》里也明确指出，要让学生"养成修改自己作文的习惯"，这是非常重要的。

六、学生质疑

师：课上完了，你们还有没有什么问题呀？

生：老师，你怎么没有写课题呢？

师：你真有一双善于发现的眼睛。一直都在说修改作文的事情，我真的是不明白，这篇课文为什么要用"那片绿绿的爬山虎"为题。

生：我也是想问这个问题。

师：那咱们就把这个问题留到下节课再来探究，好吗？下课。

同行点评

浅谈阅读课中的三"以"

肖老师的《那片绿绿的爬山虎》让我看到了三个"以"：以悬念见兴趣，以小见大，以讲带练。

一、以悬念见兴趣

兴趣是学生最好的老师，从课堂实录可以看出，肖老师本节课从一开始就不断地在激发学生的学习兴趣，但是肖老师用了一个非常巧妙的方法——设置悬念。四年级的学生，从心理上说，开始进入叛逆的"实习期"，也就是说，很多时候，老师和家长越是不让他们去做的事情，他们越是想去做、去探索，肖老师这节课正是利用了学生的这一心理特点来激发他们学习的兴趣。

二、以小见大

如果说从学习生字到学习文章是顺理成章、循序渐进的话，那肖老师从生字的学习进入到"一幅画"和"一张画"的区别，从"书皮"改成"包书纸"，再到"册"到"删"，进而引出写文章要做到用词准确、句子干净、确切、规范，再引出写文章要用具体事实，亲切自然，最后引出叶老先生对待修改文章这件事的态度，正是采用了"以小见大"的方法，使学生的学习能够水到渠成，而不是由老师简单粗暴地告诉学生写文章要怎样，给人一种"润物细无声"的感觉。

三、以讲带练

一节课中，我们需要有一个核心的问题来引领这节课。肖老师这节课看起来是不断地在提问题，但是这些问题都是为了解决一个问题，那就是"写文章应该做到怎样?"不管是在用字、用词、选材、感情上，都是为了解决"文章该怎样写"这个问题。

我们也可以从肖老师这节课中看到，解决这个问题，不是一味地"问"和"讲"，而是通过"问"带"讲"，再通过"讲"带"练"。

（广州市天河区华融小学　黄春兰）

妙趣共融巧教对联

——四年级趣味语文《趣联巧对》课堂实录

教材分析

《趣联巧对》是人教版四年级语文下册第八单元趣味语文的内容。讲了两个对联小故事：第一个故事讲的是唐伯虎和祝枝山到山村去，看到了农夫车水情景，脱口而出了一副对联："水车车水，水随车，车停水止；风扇扇风，风出扇，扇动风生。"对联运用了顶针的修辞方法，对得工整巧妙，被传诵一时。第二个故事中出现的对联"花甲重逢，增加三七岁月；古稀双庆，更多一度春秋"巧妙地将数字隐含在一些典故和非数字的文字之中，体现了人物的才思敏捷。

本组教材的专题为"故事长廊"，引导学生学习时，要充分注意到体裁的特点，让学生多读、多讲，在读中体会故事情节和其中蕴含的哲理，拓展学生的课外阅读，激发学生热爱祖国语言文字的热情。本课的学习根据单元训练的重点，通过两个对联故事的学习，激发学生阅读对联和趣联故事的兴趣。

学情分析

四年级学生的思维从以具体形象思维为主要形式逐步向抽象逻辑思维过渡，和低年级学生相比，具有比较强的自行探究能力，在观察能力、思维能力、语言表达能力方面都有了提高，因此，课前可布置学生查找关于对联的资料，有意识地积累和背诵，为新知识的学习奠定基础。学生在低年级时已接触"对子歌"，四年级上册第五单元的日积月累学习中进一步接触了对联，生活中也常见到各式各样的对联，在这个基础上学习《趣联巧对》，要让学生牢牢抓住"趣"字和"巧"字，记住故事，理解故事人物的才思敏捷，在课后的拓展中继续学习。

教学目标

1. 反复朗读，读准字音，特别注意多音字"扇"的读法和用法，能够复述故事大意，背诵两副对联。

2. 思考讨论，小组学习，帮助学生感受两副对联的妙趣，分享相关对联和对联故事，体验人物的才思敏捷。

3．观看相关视频，提高认识，强化学生热爱经典文化的情感，激发积累对联、挖掘趣联故事的兴趣。

教学重点、难点

读懂趣联故事，体会祖国语言文字的奇妙，感受人物的才思敏捷。

教学策略与设计说明

对联作为一种习俗，是中华民族优秀传统文化的重要组成部分。它具有字数相同，词性相对、声调协调、对仗严谨的特点。习俗在华人乃至全球使用汉语的地区以及与汉语汉字有文化渊源的民族中传承、流播，对于弘扬中华民族文化有着重大价值。这节课设计四个环节——感知、温故、知新、拓展，学生通过观看视频、朗读、圈画、背诵、复述、讨论、交流、分享、合作、汇编文集等方式完成本课的学习。

课前准备

1．布置学生在生活中收集趣联妙联，以便在课堂上分享交流。预习课文，提出问题。在课本中做好标记。通过上网、查资料、请教他人的方式解疑。

2．教学相关的视频。

3．课堂教学 PPT。

4．课堂教学评价表。

教学过程

一、导入

（播放视频感知对联）

师：先请同学们观看一段视频。

播放视频解说词：

对联又称楹联，因古时多悬挂于楼堂宅殿的楹柱而得名，有偶语、俪辞、联语、门对等通称。以"对联"称之，则开始于明代。它是一种对偶文学，起源于桃符，是利用汉字特征撰写的一种民族文体，它与书法的美妙结合，又成为中华民族绚烂多彩的艺术独创。传统对联的特点是：字数相同、词性相对、声调协调、对仗严谨。对联作为一种习俗，是中华民族优秀传统文化的重要组成部分。2005 年，国务院把楹联习俗列为第一批国家非物质文化遗产名录。楹联习俗在华人乃至全球使用汉语的地区以及与汉语汉字有文化渊源的民族中传承、流播，对于弘扬中华民族文化有着重大价值。

习近平总书记曾经强调，在新时代要推动中华传统文化。对联作为汉语特有的文学形式，是中国传统文化不可缺少的重要部分。学生通过观看视频，对对联的知识有了整体的认识，知道它实用性强，与人们的生活息息相关，并且早已融入了民间习俗中。视频很容易引发学生学习的兴趣，让学生在轻松愉快的氛围中开始学习。通过视频让学生整体感知对联的作用、特点。

二、温故：复习旧知调动积累

师：上学期我们就学习过对联，不知道同学们是否还记得？考考同学们，老师说上联，你们对下联。

师：一径竹阴云满地。

生：半帘花影月笼纱。

师：树红树碧高低影。

生：烟淡烟浓远近秋。

师：四面荷花三面柳。

生：一城山色半城湖。

师：清风明月本无价。

生：近水远山皆有情。

孔子曾经说过："温故而知新。"此时老师提问，学生回答，既能帮助学生复习巩固以前学过的知识，加强新旧知识的联系，也能让学生很自然就进入注意力集中的学习状态。学生回答以后，对于旧知识的回忆已经涌上来，再让他们联系生活实际，如上网学习到的、书籍里面看过的、门柱上面镌刻着的或者张贴的对联，都可以汇报，充分调动了学生学习的主动性和积极性。

三、知新：读懂文本理解妙趣

师：打开书本156页，课本里讲了两个对联的小故事，我们先来学习第一个，请大家仔细阅读学习要求：

（1）读一读——难读的地方多读几次，读通顺读准确。

（2）记一记——对联和谁有关，内容是什么？画一画，背一背。

（3）想一想——对联趣在哪里，巧在哪里？（出示对联）

（4）说一说——你在哪里还看到过类似的对联？

（生自读自背）

师：会读的同学举手。谁来读？

生：唐伯虎和祝枝山因事来到乡村，看到农夫车水，祝枝山脱口说出了上联："水车车水，水随车，车停水止。"唐伯虎当即对出下联："风扇扇风，风出扇，扇动风生。"这副对联，对得工整巧妙，被传诵一时。

师：这副对联中有一个多音字，发现了吗？

生："扇"，作名词的时候读扇（shàn），作动词的时候读扇（shān）。

师：所以这副对联应该这么读：

大屏幕显示：

shuǐ chē chē shuǐ　　shuǐ suí chē　　chē tíng shuǐ zhǐ
水 车 车 水 ， 水 随 车 ， 车 停 水 止 。

fēng shàn shān fēng　　fēng chū shàn　　shàn dòng fēng shēng
风 扇 扇 风 ， 风 出 扇 ， 扇 动 风 生 。

师：自由地、轻轻地多读几遍。然后告诉老师这副对联趣在哪里，巧在哪里？

生：没有发现。

生：老师，水车是什么样子的？

师：哦，同学们没有见过水车。水车是中国劳动人民善用其智慧发明的一种古老的能引水灌溉的农具。我这里有一段视频，大家一看就明白了。（播放视频）

生：前面的词的最后一个字和下面一个词的第一个字相同。

师：这是我们要学习的一种新的修辞方法，叫作——顶针。一起来读读它的定义。

生：下一句的开端和上一句的结尾，重复同样词性的词或短语，句子、头尾蝉联的修辞技巧，称为"顶针"，又叫"顶真"。

师：你还在哪里读到过类似的对联？

生：楼外青山，山外白云，云飞天外；池边绿树，树边红雨，雨落溪边。

生：白山羊上山，山碰山羊一只角；黑水牛下水，水没水牛半边腰。

生：是是非非，非非是是，是非不分；正正反反，反反正正，正反一样。

师：真了不起，那我们来总结一下学习这副对联的方法。（学生一边说老师一边总结）

大屏幕显示：

（1）读一读——难读的地方多读几次，读通顺，读准确。

（2）记一记——对联和谁有关，内容是什么？

（3）想一想——对联趣在哪里，妙在哪里？

（4）说一说——你在哪里还看到过类似的对联？

教无定法，贵在得法。教师在教学中通过引导学生读一读、记一记、想一想、说一说等学习方法，提出小组合作学习的要求，指导学生进行小组合作探究学习，体现了新课标的自主、合作、探究的理念，也极大地提高了课堂学习的效率。

师：接下来，我们运用学习第一个对联故事的方法进行小组合作，学习第二个对联故事，填写学习任务评价表。

表1　任务评价表

会读故事加一颗星	会背对联加一颗星	会讲故事加一颗星	理解对联妙在哪里加一颗星	能分享类似的对联及故事加一颗星	能背诵了解古代表示年龄的典故加一颗星

生：（齐读第二个故事）相传清代的乾（qián）隆皇帝宴（yàn）请群臣，他指着一位一百四十一岁的老者出了上联："花甲重逢，增加三七岁月。""花甲"是六十岁，"花甲重逢"是两个六十岁，再加上"三七"二十一年，恰好是一百四十一岁。有个叫纪晓岚（lán）的学者灵机一动，对出下联："古稀双庆，更多一度春秋。""古稀"指七十岁，"古稀双庆"指两个七十岁，再加上"一度春秋"，也就是一年，正好是一百四十一岁。这副对联称得上是绝妙的"数字对联"了。

大屏幕显示：

乾隆：花甲重逢，增加三七岁月。

纪晓岚：古稀双庆，更多一度春秋。

师：这副对联妙在哪里？

生：数字巧妙藏在文字中，需要我们算一算。

师：这些知识你们知道吗？下面我们进行一分钟记忆力比赛，请看大屏幕，一分钟你们能够记住多少？

大屏幕显示：

襁褓——不满周岁

幼学——10 岁

束发——15 岁左右

弱冠——20 岁

而立——30 岁

不惑——40 岁

知天命——50 岁

花甲——60 岁

古稀——70 岁

杖朝——80 岁

耄耋（mào dié）——80、90 岁

期颐（jī yí）——100 岁

师：谁来试一试。

生：一鼓作气背下来。

师：太棒了！你们有没有读到过这样的对联故事呢？

生：我来跟大家分享故事《夫妻巧对贺寿联》，算一算乌老寿星的岁数：李清照是南宋著名词人，她的丈夫赵明诚是金石学家。两人是有名的"诗词夫妻"。有一次，两人参加青州有名的乌老寿星的寿宴，为祝贺乌老寿诞，夫妇合写了一副对联。赵明诚的上联是：花甲重逢，又增而立年岁。李清照的下联是：古稀双庆，复添幼学青春。

［温馨提示：古代年岁称幼学 10 岁，而立 30 岁，孩提 2～3 岁，及笄（jī）女子 15 岁，碧玉女子 16 岁，牙牙 1 岁］

生：乌老寿星的年龄是 150 岁。花甲重逢 120，而立年岁 30，加起来就是 150；古稀双庆 140，幼学 10 岁，加起来就是 150，所以乌老寿星的年龄是 150 岁。

师：同意他的意见吗？

生：同意。

　　"聪明在于学习，天才在于积累。"学生通过合作讨论，理解对联妙在哪里，趣在哪里。同时适当补充渗透一些古代数字的文字表达方法，是很有必要的。用一分钟记忆力比赛的方法，将学习的内容展示出来，既拓宽学生视野，也不增加学生的学习负担。通过补充的阅读内容，通过计算不仅让学生更加深刻地理解对联中的趣味性和巧妙性，而且对于他们更好地了解中国传统文化的博大精深也是非常有益的。

师：今天我们学习了两个小故事，背诵了两副对联，一副是（　　）巧妙地运用了（　　）的修辞手法。另一副是（　　）巧妙地把（　　）蕴藏在（　　）。还分享了相关的对联，此时，用一个词表述你的心情？说说为什么？

生：今天我们学习了两个小故事，背诵了两副对联，一副是（水车车水，水随车，车停水止；风扇扇风，风出扇，扇动风生）巧妙地运用了（顶针）的修辞手法。另一副是（花甲重逢，增加三七岁月；古稀双庆，更多一度春秋）巧妙地把（数字）蕴藏在（文字中间）。还分享了相关的对联。

生：我今天过得很开心，知道了顶针这种修辞方法。

生：我收获很大，知道了古代一些用来表示年龄的词语。

生：我很紧张，因为有些问题我答不出来。

师：学然后知不足，没有关系。这也是一项很了不起的认识。

生：我觉得遗憾，这节课我发言的机会太少了。我举手了，老师也没有叫我。

师：那这些知识你认真听了吗？学会了吗？

生：听了，也学会了。

师：相比之下，老师叫不叫你回答有那么重要吗？

生：不重要。

师：说是一种学习，听也是一种学习，会听的孩子比会说的孩子更聪明，这节课你就是那个更聪明的同学，还有遗憾吗？

生：没有了。

　　分享收获和体验：语文学习是工具性和人文性的统一。所以，课堂教学不仅要注意知识的传授，也要重视学生情感的体验。既要帮助孩子们感受文字中的趣味，又要帮助孩子体验美好的感情。同时及时总结也可以帮助学生梳理和巩固所学的知识。

四、拓展：推荐阅读趣味积累

师：你们知道关于对联有哪些有趣的书？

生：《趣谈楹联》《古今名联巧对楹帖佳语》《中国现当代著名人士对联赏析辞典》。

师：网上还有许多介绍，你们知道关于对联有哪些有趣的人？

生：古代有唐伯虎、祝枝山、解缙、王安石，近代的鲁迅、毛泽东也是对联高手。还想知道，可以上百度。

师：你们知道关于对联有哪些好看的电影、电视剧？

生：《联林珍奇》。

生：《九岁县太爷》。

生：《铁齿铜牙纪晓岚》。

生：《大明奇才》。

师：太棒了，同学们收集了很多资料，奖励你们看一段视频《两江总督对联片段》（剪辑版）。

师：今天的作业是继续收集妙联趣联，挖掘对联背后的故事，分组编成一本小册子，放在班级的小书架上供同学们分享。为完成小组作业，要先分工，再制订小组活动方案。

> 　　语文是一门最具开放性、最容易与生活发生联系的学科。教师在设计作业时，要树立起开放的语文教学观念，充分利用学生课外与社会生活、家庭生活广泛接触的机会，充分利用现实生活中的语文资源，让学生在生活中学习语文、运用语文。编成小书让大家分享，也容易让学生有成就感，体现学校成功教育的理念。

教学反思及学习评价

接到今年"一师一优课"通知以后，苦思冥想，不知道该上什么内容，因为剩下的有节点的课不多，能不能上得精彩、上出新意，对于每个老师都是个挑战，尤其今年的课特别强调技术创新。像我们这样的老教师，和年轻人相比，在技术创新上基本没有优势。那么教什么、怎么教就是我目前特别需要思考的问题。

一、教什么

选择四年级下册语文园地八趣味语文的教学，是源于本身任教于这个年级，其次对联教学的内容属于我们国家经典文化内容，这跟习总书记提出的传承中国的经典文化思想是一致的，也算有点新的思想，加上这是整册的最后一个单元，准备时间充足。思来想去，就定了这个教材。两个简短的对联小故事，对于四年级的孩子来说也不是太难的内容。我就坚定了上这个内容的想法。

二、怎么教

不管什么样的文章，"怎么教"都是一个需要老师仔细思考的问题。要教得好，怎么教，关键在于教学目标的定位。刚开始，我看了赵志祥老师的楹联教学，也想模仿，让孩子们从熟读到创作，自己觉得让小学生对对联也不是难事，结果一上课才发现遇到不少难题：

1. 发现目标定位过高，及时调整

开始上课，让孩子们汇报自己了解过的对联知识，发现学生知之甚少，甚至对联有什么样的基本特点都搞不清楚，什么是对联，什么是古诗，什么是格言警句，分不清楚。让孩子们汇报自己知道的对联，没有几个孩子能够讲出来，即便老师给出对联，大多数孩子也读不通顺，更读不懂对联的意思。在这样的基础

上，让孩子们进行对联创作无疑是空中楼阁。没有根基，没有办法对，课堂出现的冷场现象无法解决。

仔细研读教材，才知道本单元的主题是"走进故事长廊"，既然是学故事，教学就要体现单元体裁的特点，如果把目标定位在创作对联上，无疑是不合适的。于是我重新设定了教学目标，把目标定位在"帮助学生感受两副对联的妙趣，分享相关的对联和对联故事，体验人物的才思敏捷。继续在生活中学习对联"。这样一来，难度降低，老师和孩子的压力都减轻了。

2. 发现学生的学习难点，用视频再现的方式解决

课堂教学中设计的让孩子们把对联读通顺、读准确，这在老师看来是一件很容易的事情。比如第一个小故事涉及的对联"水车车水水随车车停水止/风扇扇风风出扇扇动风生"，学生反复读，还是读不准，记不住，我觉得很奇怪，这么简单的东西，孩子怎么会读不准，记不住呢？结果一个孩子举手问："老师，水车是什么？"我恍然大悟，孩子们没有见过，自然无法理解，没有生活的体验。于是我找来了水车抽水的视频，孩子一下子就理解了，理解了自然就容易背诵了。

3. 发现学生的知识储备不足，分组进行阶段性综合性学习

掌握对联特点对于四年级的孩子来说是比较困难的。尤其是对于分化较大的班级，有的孩子通过上网很容易就理解对联的特点，准确地判断什么是对联；有的孩子就弄不清楚。于是，课前我把孩子们进行分组，提出合作要求，让他们分组去了解对联的起源、对联的特点、对联的故事、经典的对联。一周时间不够，我就给两周，两周时间不够，我就给一个月。孩子们不断地学习，不断地汇报，不断地锻炼，不断地进步。在这个综合性学习的过程中，不同层次的孩子都有收获，在公开课教学的课堂上，每个孩子都能有发言的机会，体验到成功的感觉，这一点对于孩子来说是非常重要的。

总之，一节课要想上得好，需要老师不断地思考，发现问题，及时想办法解决。在这个过程中，学生是不断进步的，老师也是不断成长的！

同行点评

"不愤不启、不悱不发"，相信这句名言被每一个教育工作者熟知。肖老师的课堂可以说是对孔子的教育思想做了一次最好的实践。在中华传统文化越来越被语文课堂重视的环境下，肖老师营造了一个充满国学韵味的课堂。一个简短的对联介绍小视频，瞬间吸引了孩子们的注意，学生自然领略到中国对联文化的乐趣和妙趣。《语文课程标准》提出："语文综合性学习有利于学生在感兴趣的自主活动中全面提高语文素养，是培养学生主动探究、团结合作、勇于创新的精神的重要途径，应该积极提倡。"趣联能够巧对，那么究竟"巧"在哪里就成为这

堂课一个重要的知识点，肖老师敏锐地捕捉到这一点，把思考的过程交给了孩子，交给了小组，在潜移默化的学习过程中，对联的各种知识不再是个人的知识，逐渐变成了大家共享的知识。

（广州市天河区汇景实验学校　王运）

写出人物的个性特点

——五年级下册第七单元习作教学课堂实录

教材分析

五年级下册第七单元的习作是《一个特点鲜明的人》。这次习作是在阅读教学"读人"、口语交际教学"说人"基础上的"写人"。内容要求是写一个给自己留下深刻印象的人；表达要求是"试着运用课文中一些写人的方法，写出他某一方面的特点"；还要求"写完以后，同学之间互相评一评，改一改，让人物特点更加突出"。这是在过去学习写人基础上的提高，要学习通过语言、外貌、动作、心理活动等细节的描写，写出人物的特点。还可以让学生在表现人物特点的时候适当地把正面描写和侧面描写结合起来。"试着"一词告诉我们对于学生的要求一定不能过高。

学情分析

五年级的学生习作水平经过训练已经有了一定的提高，具备一定的观察能力、阅读能力和表达能力。但是还有许多有待提高的地方，比如没有养成留心观察周围事物的习惯，没有意识到丰富自己的见闻，写作时中心不突出，叙事条理不清楚，还不能够在生活中捕捉习作的素材，做到有感而发，需要老师在作文教学中加以指导，不断帮助学生提高习作的能力。

教学目标

1. 通过竞猜游戏帮助学生理解"特点鲜明"的含义。

2. 通过班级典型人物的典型事例帮助学生弄清怎样通过一件事表现人物的特点。

3. 通过自评、互相评改，修改前后文章的对比，帮助学生理解好文章是改出来的，反复修改，形成佳作。

教学重点、难点

1. 运用课堂上学习的方法写好典型事例，突出人物特点。

2. 运用修改的形式帮助学生写好本篇习作。

教学过程

师:同学们,第一次在这样的一个大教室里面合作,你们来告诉我平时上课应该是怎样的。

生:应该是班长站到前面来指挥同学。

师:那就请班长站到前面来。(班长上来指挥全班同学坐好)

生:你应该跟同学们说"上课"。

师:那我听你指挥。上课。

生:起立。老师,您应该说同学们好。

师:同学们好!

生:老师好!

生:请坐。老师,您可以开始上课了。

师:谢谢。

一、导入新课:魔术表演谈印象

师:上了好几节课,同学们也累了,给同学们表演一个魔术,表演得不好,你就不要作声,给老师留点面子,表演得好,就请给点掌声。

看,老师手上有一张白纸,这是正面,反过来,反面也是一张白纸。现在,老师轻轻地把它折起来,放在掌心吹一口气,下面是见证奇迹的时候,注意老师把手心里的白纸展开,你看到了什么?

生:哇,100 元啊!

(掌声热烈响起来)

师:说一说,你觉得老师是个怎样的人?

生:老师是个很好的人。

师:很好的人,怎样好?有别的词吗?

生:老师是个和蔼可亲的人。

生:老师是个会变魔术的人。

生:老师是个和蔼、民主的人。

师:不错,你还知道说民主这个词。

生:老师是个美丽大方、有魅力的人。

师:啊,我从来对自己的长相都没有信心,孩子,谢谢你这么夸奖我,我很高兴。

生:老师是个直率幽默的人。

师:这么快就发现了我的特点,了不起。今天我们一起来挑战第七单元的习作,对自己有没有信心?

生：有！

二、指导审题："挑战难度"细琢磨

师：今天我们学习的内容是第七单元习作，请同学们快速打开书本，第146页，默读题意。拿出黑色笔，画出来，本次习作要求我们写什么，有哪些具体的要求？

生：本次习作要求我们写一个特点鲜明的人。共有三点要求：第一，可以写身边熟悉的人，也可以写偶然见到的陌生人。第二，写的时候，试着运用课文中一些写人的方法，写出他某一方面的特点。第三，写完以后，同学之间互相评一评，改一改，让人物特点更加突出。

师：还有补充意见吗？

生：没有了。

师：这位同学很善于审题，把题目要求看得很明白。

三、游戏解题："特点鲜明"妙领会

师：怎么理解"特点鲜明"这个词语呢？下面我们进入一个竞猜环节——猜猜他是谁？

大屏幕出示：

（1）纶巾羽扇，身披鹤氅，身长八尺，面如冠玉，身似神仙，貌比宋玉，真乃当世高人。他是谁？

（生：诸葛亮）

（2）一个棕色的头发、鼻梁上架着一副宽边大眼镜的男孩，他手持一根魔法棒，轻轻地就能把你带入神奇的魔法世界。他拥有一把神奇的扫把，骑上他就可以尽情地在空中飞行。他是谁？

（生：哈利·波特）

（3）他双手捂着眼，正自揉搓流涕，只听得炉头直响，猛睁眼睛看见光明，惹不住将身一纵，跳出丹炉，唿喇一声，蹬倒八卦炉往外就走。他是谁？

（生：孙悟空）

（4）他眉头一皱，双掌合十，长呼一声佛号，正色到："出家人要有善心，你无故伤人性命，纵使取来真经又有何用！"

（生：唐僧）

（5）我还会再回来的！

（生：灰太狼）

师：为什么我们可以很快猜出这些人物呢？

生：因为这些人物特点鲜明。

师：能说得再具体些吗？（老师给出提示）

生：我们之所以能够很快猜出这些人，是因为这些人要么有与众不同的外貌，要么有独具个性的语言，要么有典型的动作和神态。

师：继续猜——

那一天上语文课，他因为不好好听课，被老师"请"到教室后面去站着。结果他站在后面还是不好好听课，一会儿看看窗外，一会儿津津有味地欣赏起黑板报来。

老师指着他说："你们看，他去到后面还可以神游，简直就是奇葩。"

接着老师说："不是笨蛋的举手。"哗啦啦——一片小手举了起来，后面站着的他也举起手来。

老师又说："是笨蛋的举手。"我们立刻把手收了回来，只有他，还举着手！这就是我们班的神游大王——

生：黄文俊。

师：向大家做个自我介绍。

生：大家好，我叫黄文俊，绰号——神游大王。

师：还有别的绰号吗？

生：没有了。

师：继续猜，这件事跟你也有关系——

做眼保健操的时候，黄文俊又把眼睛睁开了。她点了黄文俊一次名，黄文俊还是死皮赖脸不做，她怒气冲冲地朝他冲过来。可是，半路杀出了个程咬金，喻尚林故意为难她，把椅子往后面靠，不让她过去。

"快起开！"

"不起，咋的？"喻尚林一副死猪不怕开水烫的样子。

她见此怒气值爆棚，瞬间像打了鸡血似的，把喻尚林连着椅子搬了起来，硬是腾出了一条路，看得黄文俊目瞪口呆、瞠目结舌。

那可是全班最胖的喻尚林啊，体重至少100斤的喻尚林啊！她竟然用蛮力硬生生把喻尚林连同椅子一同搬了起来，真不愧是我们班的铁血女汉子！

师：这位铁血女汉子是谁？

生：班长刘沛琪。

师：是的，我要谢谢这位班长，正是因为她女汉子的性情，帮了老师不少忙，管理班级让老师放心、省心。

四、小试牛刀：班级照片促动笔

1. 出示班级照片，介绍有特点的人物

师：请看大屏幕，这是我们全班同学的照片，在这些同学当中，有没有这样的人（大屏幕上逐一显示词语：呆萌、淘气、胆小、马虎、贪吃、讲义气、认真、脾气火爆、善于变脸、酷爱阅读、心地善良、能说会道、爱耍小聪明、跑步快）。

师：……这个有没有？

生：有。

师：有什么？

生：百变表情包。

生：有爱哭鬼。

生：有长不大的娃娃。

生：有折纸大王。

生：还有……

师：你在说这个词的时候，一定会在脑海里浮现这个人的形象。给大家布置一个任务：你准备向大家介绍谁？他有什么特点，能用一件事情来证明吗？用10分钟的时间，快速把表现人物特点的这件事写成一个片段，尽量把事情写清楚。请大家直接从人物的语言切入，如果没有，你就直接从"那一天"开始。写的时候注意：一个人，一件事，题目要聚焦特点，比如神游大王黄文俊，就这样。明白了就动笔开始写。（学生练习10分钟）

师：已经到时间了，告诉我你写的是谁？他有什么特点？把这个题目一念，我就知道。

生：我写的是"爱变脸的黄鸿飞"。

生：自恋一哥周润楷。

生：表演大王黄文俊。

师：现在我又发现了黄文俊的另外一个特点。还有吗？

生：有职业病的项少龙。

生：呆萌大师周力张。

生："狮吼功"传人曾力。

生：偷懒大王吴彦熙。

生：女汉子邢佳楠。

生：邋遢大王张嘉栩。

师：我想选两个同学上来展示，谁愿意来？

2. 学生成果初展示

生：我写的是"自恋大王周润楷"。

记得有一次，我们都在安安静静地早读，班长突然看到王鹏滔没有认真地读，就点了他的名，周润楷来了兴致，在后面自得其乐地加了一句："是笨蛋。"班长又立刻点了周润楷的名，他立马在后面加了一句："很帅。"班长没理他，我们又继续恢复了往日的安静。突然，班长大喊一声："喻尚林！"周润楷又饶有兴致地加了一句："没我帅。"后来，每当班长点到除他以外的同学的名字时，周润楷总会在后面加一些类似"是笨蛋""没我帅""比我丑好多"之类的话。

一旦点到他自己的时候，就马上加一些"很帅""宇宙超级无敌帅""太帅了"一类夸自己的词。

还有一次，周润楷在自己的作业登记本上，姓名写着"帅"，班级写着很"帅"，学校写着"超级帅"，学号写着"宇宙超级无敌帅"。

我还记得有一次，我向周润楷借作业登记本抄作业，周润楷对我说："叫帅哥。"

"干吗要叫你帅哥？"

"快点，不然不借给你。"

最后，我被逼无奈，叫了一声："衰哥。"他居然没领悟到其中的意思，还真以为我叫他"帅哥"。

这就是我们班的自恋大王——周润楷，他的自恋事件可能一列火车都装不下，一定需要一万列火车才能装满他的自恋事件。

师：这些事能够说明周润楷自恋吗？

生：可以。

师：好，下一位。

生：我们班啊，可谓奇葩班中奇葩多，什么样的人都有：河东狮吼传人、百变表情包、折纸大王等，全都是奇葩一家。而我们班同学的字，有的顿挫抑扬，有的龙飞凤舞，让人惨不忍睹。罗梓豪就是"龙飞凤舞"掌门，他写的字啊，实在是让人费脑细胞。

有一次，肖老师给我们布置了"看拼音写词语"作业。当肖老师改到罗梓豪的作业的时候，我看见肖老师把眼镜脱了下来，眯着眼睛看，然而肖老师还是看不出来写的是什么字。可以让肖老师脱下眼镜来看的，肯定是不寻常的"大师作品"，而让肖老师看不清的，那一定是大名鼎鼎，书写得"龙飞凤舞"的人。

肖老师叫罗梓豪过来，"罗梓豪，这是什么字？我看不清。"罗梓豪也看了很久，对肖老师说："看不出来。"

然后，肖老师就和全班说："罗梓豪连他自己写的字都不认得。"全班笑得前俯后仰，心想：连自己的字都不认得，这字写得也够夸张的了。果然，我蒙对了。下课，全班同学围着罗梓豪，要看看他那"龙飞凤舞"的字，结果，没有一个人可以看得出来是什么字。

他写的"你"，单人旁和"尔"字离得十万八千里；"圈"字，缩成一团，就像一个黑洞，怎么看都不像"圈"；这个更厉害了，"语"字，"吾"字下面的口划了一个圆圈！

唉，我的好兄弟，你的字让我五体投地啊，我求求你，写慢点、写得好一点吧！

师：你准备用什么题目？

生："龙飞凤舞"掌门罗梓豪。

师：真好！

五、范文引路：巧用例文悟方法

师：大家知道肖老师有什么特点？其实平时同学们在日记里断断续续都会给老师一些评价，刚才还有人说老师是母老虎，笑里藏刀呢！老师从同学们的日记里提炼了两个词语，一个是快乐课堂，一个是幽默大度，你想老师向大家推荐哪一个？

生：幽默大度。

师：听我朗读——

大屏幕显示作文《幽默大度的肖老师》：

俗话说：将军头上好骑马，宰相肚里能撑船。

那天讲评日记的时候，刘佩佩居然在日记中写道："肖老师，你长得不像我们的数学老师樊老师那样美若天仙，我这么说你一定也会不高兴的，不过这是真心话。"我们看到大屏幕上显示的这段文字时，心想：惨了，居然敢这样冒犯我们的肖老师，要知道肖老师可不是随便能惹的，随便犯个小错，"二百五"就会降临到你的头上，不是骂人，那是让你写二百五十字的反思，当天就要上交，绝不过夜。这不是自己跟自己过不去，自找苦头吃吗？

我等着肖老师脸上即将到来的乌云密布，等着肖老师脸上的狂风暴雨，谁知道肖老师哈哈一笑说："好呀，樊老师好看是给我看的，樊老师自己又看不着。我多占便宜呀！我天天看着貌美如花的樊老师，心情就很好。我自己长得不好看，反正我是看不见的。"看见肖老师自得其乐的样子，我打心眼里佩服肖老师那广阔的胸怀，发自内心为肖老师点赞。就在这时候，肖老师又补了一句："当然，我也要长得好看一点，让樊老师也舒服。"教室里顿时哄堂大笑，笑声传到隔壁，连隔壁上课的黄老师也坐不住了，当时就跑到窗户外面使劲敲，边敲边半开玩笑似的喊："喂喂喂，你们班发生什么事了，不是发生地震了吧！"我们又是一阵爆笑。

肖老师的幽默可是被我们班评上"诺贝尔奖"的，她还有能撑船的宰相肚皮啊！

师：你觉得写得好不好？

生：好。

师：猜一猜，谁写的？他平时作文写得好。

生：我猜是黄文俊写的。

师：黄文俊，是你写的吗？

生：不是。

师：那你认为是谁写的。

生：我认为是洪若菲写的。

师：你看过这篇文章是吧。

生：是的。

师：这篇文章是老师改出来的，原创洪若菲。现在我出示原文，大家比较一下，哪篇文章写得好？

大屏幕显示作文《幽默大度的肖老师》（修改前）：

在老师的眼里，刘佩佩是最可爱的。但有一天，可爱的刘佩佩在日记里夸樊老师长得好看，肖老师看了这篇日记非但没有生气，还很开心，认为自己占了便宜，自得其乐，反正樊老师好看是给肖老师看，樊老师自己又看不着。肖老师天天看樊老师，心情就很好。

听了肖老师的话，同学们都为肖老师那广阔的心灵而感到敬佩，就在这时，肖老师又补了一句："当然，我也要长得好看一点，让樊老师也舒服。"教室里顿时哄堂大笑。

师：你认为谁写得好？

生：老师写得好。

师：拍马屁吧。

生：不是。

师：那你要有说服我的理由。

生：修改后的文章写得长。

师：越长的文章不一定越好。

生：这篇文章好在有语言描写和心理活动的描写，老师用红色字体标出来了。

师：语言描写和心理活动的描写，我们把这些叫作——

生：细节描写。

师：对，还包括动作、神态。把这些内容加进去，我们就叫作"放大细节"。放大细节，我们就仿佛看到了当时的场景一样，文章就显得生动形象了。

生：还有文章中用了许多修辞手法，比如第一句"俗话说：将军头上好骑马，宰相肚里能撑船"就是引用。还有"你这不是自己跟自己过不去，自找苦头吃吗"就是反问。

生：还有"你们班发生什么事了，不是发生地震了吧"是夸张，樊老师和肖老师的相貌是对比，"我等着肖老师脸上即将到来的乌云密布，等着肖老师脸上的狂风暴雨"这一句是比拟。

师：你很棒，还知道比拟这种修辞方法！下面老师告诉同学们写好人物有妙招。

大屏幕显示：

写好人物有妙招：

(1) 想想这个人的特点可以用一个什么词来概括。

（2）找一件表现人物特点的事情，把事情写具体。让人物张开嘴巴说话，有神态，有动作，有想法。

（3）恰当地使用一些写作上的方法，比如比喻、夸张、排比、对照、引用等等，将正面描写和侧面描写结合起来。

六、评改交流：彼此相助促提高

师：好文章不是写出来的，而是改出来的，俗话说"文章不厌百回改，反复推敲佳句来"。下面我们就运用老师今天给的妙招，先自己修改一下，然后同桌之间互相评改，看看怎样才能够更加突出人物的特点。

师：谁来交流一下你们评改的结果？

（投影评改）

师：前一张是在课堂上评改的，痕迹比较少，后一张是同学回家评改的，痕迹比较多。我们先做简单的修改。

师：请一组同学上来展示你们商量的结果。

七、作业激趣：余音未了话别情

师：给大家留一个作业，编一本属于我们自己的书。封面你们设计，目录你们自己编排，内容你们自己书写，里面分为男生篇、女生篇，还有老师篇，老师也要为这本书撰写稿件。

（出示征稿启事）

师：《五四班的风云人物》编辑部向全体同学诚征优秀稿件，欢迎大家踊跃投稿，稿件要求：①选一个特别的人物。②找一个典型的事例。③用一些恰当的方法。④取一个个性的题目。

师：书的前言我都写好了，请大家轻轻地读。

生：（齐读）

大千世界

人海茫茫

在五年四班这个大家庭里

我们相识相伴

时光不老

笑声不散

友情不淡

且用一支笔

记下

陪你我

到永远

师：下课！

同行点评

　　语文教学，情是蕴含在文本和生活中的情，认知是基于主体生活与心灵的认知。本单元的教学充满了真情，而真情像一轮暖阳能温暖你潮湿的心；也像一把火，能照亮你人生的道路。这节课上，肖老师也正是带着对学生的真情，并且鼓励学生投入真情进入写作课。在上课前的问好环节，肖老师就鼓励孩子们大胆大方地表达自己内心的想法。肖老师给孩子们传递的态度是：课堂是孩子们的课堂，孩子们跟老师是一样平等的，可以跟老师平等对话。孩子们在课堂上可以畅所欲言，不怕说错。在教学设计上，肖老师能充分抓住本单元的学习重点，对学生进行扎实的语言文字基本功的训练。抓住课堂生存的资源，及时顺学而导，这是本课的一大亮点。语文课程应是开放而富有创新活力的。这种习作教学的延伸不仅能拓展语文教学的空间，培养学生学习的兴趣，而且能把师生们从语言知识的微观教学中解放出来，升华为一种实实在在的学习语文的能力。在老师的启发下，学生渐渐明白写一个特点鲜明的人原来就是这么简单，从而大大缓解了孩子们对习作的畏难情绪。"文章不厌百回，仔细推敲佳句来"，肖老师在这节课上挑战了一个更难的环节，让学生学习修改自己的习作。习作课的核心价值，不仅仅是规范、修改、提高，更是唤醒、激励、鼓舞。让每一个学生因为这一次的成功体验，对自己的写作能力充满信心，并跃跃欲试地准备写下一篇作文，这才是习作课的最高境界。

（广州市天河区汇景实验学校　王荣斌）

聚焦目标凸显语用

——六年级语文下册第二组《词语盘点》课堂实录

教材分析

人教版六年级语文下册第二组选编了四篇课文，从不同角度介绍了各具特色的民风民俗，反映了中华文化的丰厚博大。词语盘点一共有 49 个词语，其中"腊月、初旬、展览、蒜瓣、饺子、翡翠、榛子、栗子、爆竹、风筝、预备、彩排、鞭炮、截然、寺院、彩绘、杂拌儿、麦芽糖、逛庙会、走马灯、零七八碎、万象更新、张灯结彩"23 个词语来自《北京的春节》《藏戏》，"剧种、面具、激流、发誓、旷野、布施、鼻祖、柔顺、压抑、敦厚、夸张、描述、演绎、布局、和睦、酷热、激昂、抽象、韵味、哄堂大笑、能歌善舞、别无所求、蜂拥而至、铺天盖地、肃然起敬、美不胜收"26 个词语来自《各具特色的民居》《和田的维吾尔》。因为学过课文，这些词语的学习属于复习性质，读和写都不是太有难度，但是要理解和运用，还是有一定难度的。

学情分析

小学高年级的学生已经具备了一定的学习能力，大部分学生能够较为主动、积极地学习。和低年级学生相比，他们自行探究的能力更强，观察能力、思维能力、语言表达能力都有了很大的提高，学习意愿强烈。但是也有一部分学生学习有困难，不能很好地把语文知识用于生活中。他们需要老师和同学帮助他们主动参与学习活动，发表自己的看法；需要老师及时地肯定他们的点滴进步。对他们出现的错误，老师要耐心地引导他们分析产生的原因，并鼓励他们自己去改正，从而增强他们学习的兴趣和信心。课前可布置学生做好预习，尽可能提高学习效率。

教学目标

1. 通过自由读、互相读、领读等方式，帮助学生正确读出本次盘点中的 49 个词语。特别注意读准含有多音字的词、轻声词、儿化音的词以及四字成语。

2. 通过听写大会过关的方式，帮助学生准确写出本次盘点中的 49 个词语，特别注意难写易错的字、容易混淆的词语，还要让学生明白一幅图可以用不同的词语来表达。

3．通过选词填空、创意写作等训练方式培养学生乐于积累、善于运用的能力。

4．通过对比批改帮助学生把词语写正确，通过修改习作提高学生理解词语、运用词语的能力。

教学重点、难点

帮助学生养成乐于积累、准确灵活使用词语的能力。

教学过程

一、谈话导入，明确目标

师：（板书课题）请同学们齐读我们今天学习的课题。

生：第二单元词语盘点。

师：学习《词语盘点》，我们通常要完成哪些学习目标？

（帮助学生明确学习目标：第一，会读；第二，会写；第三，会用）

> 设计意图：美国当代著名教育家和心理学家本杰明·布卢姆认为，预期要达到的教学目标是否明确和具体，直接影响着教学的成效。一开始提出本节课设定的三个目标：会读、会写、会用，是在紧扣教材、尊重学生学习差异的基础上，让老师和学生心中都有明确的方向。让大家朝着既定的目标努力，能更好地提高课堂教学的效率。

二、完成目标一——会读词语

师：请大家打开书本，翻到第40页。先自由读，不会读的字和词做好标记；然后再互相读，帮助同学和自己读正确。

（生按照老师的要求完成学习任务）

师：谁会读，能够把词语读准确，不拖音。黄文俊来试试。

（生读词语）

师：请你当小老师，带着全班同学再读一次。

设计意图：新课标提出要培养学生自主、合作、探究的意识。这个环节设计了两个读书要求：自由读在于培养学生发现问题的能力，互相读在于培养学生交流合作学习的能力。教材中的词语并不难，学完课文之后盘点词语是帮助学生复习已经学过的知识，用这样的方法，既帮助优秀学生巩固词语，又有效地帮助了学习有困难的学生学习词语，同时还注重培养了学生的合作意识。

三、完成目标二——会写词语

师：完成了第一个目标，会读词语。我们进入第二个目标的学习。请看大屏幕，这是本单元要求我们掌握的词语，看一看，你认为哪个词最难写，最易错？和同桌交流一下。

（生观察、思考、交流）

师：现在我们一起走进今天的词语听写大会。第一关：听写。老师报一个词，你们写一个词，每个词老师只报一遍。

（生听写）

师：大屏幕上显示的老师刚刚听写过的三个词语"翡翠、肃然起敬、初旬"，这些词语中哪些字特别要注意？（大屏幕显示学生需要注意的地方）

生："翡翠"这个词语中，"羽"字的写法是不一样的，做字头的时候，"羽"字是不带钩的。

生："肃"字下面是一撇、一点，不能写成两点。

生："初"字是衣字旁，有两点，不能写成示字旁，只写一点。

师：同学们的观察力真强！看看课件显示，这些都是我们特别要注意的地方。

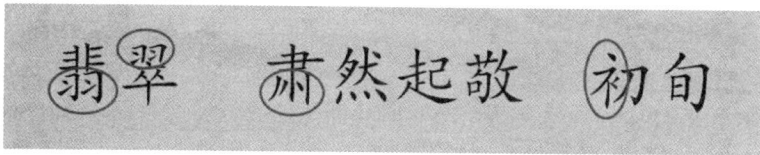

师："初"为什么是衣字旁？我们来看看这个字的演变过程。

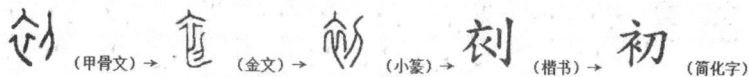

师："初"字最初表示"剪断母婴之间的脐带"，逐渐表示"事物的发展的开端"，最终表示"一切初形结构的现象行为"。

师：听写第二关，老师来描述，你写词语。每个词的意思，老师只说一遍。第一个词的意思是"含蓄的意味"。第二个词语的意思是"农历的最后一个月"。第三个词语的意思是"全屋子的人一起大笑"。

（生根据意思写词语）

师：我们现在来校对一下答案，自己对比批改，错了改正。（课件显示：韵味、腊月、哄堂大笑）你能用这几个看起来没有联系的词语说一句话吗？

生：腊月二十八，妈妈一边带着我们做卫生，一边哼着颇有韵味的京剧，突然被桌子绊了一跤，全家人都哄堂大笑。

师：够幸灾乐祸的呀！可以。

生：腊月里，有很多颇有韵味的戏剧、小品，常常逗得我们全家哄堂大笑。

师：好的，第三关——看图话写词语。（逐个出示图画）

第三关看图话写词语

（图片来源于百度图片）

（生自由写词）

师：我们对照答案批改，提问：你发现哪些词语容易错，要给同学们提个醒。（课件显示：栗子、榛子、鞭炮、爆竹、杂拌儿、蒜瓣、剧种、面具、激流、旷野）

生：栗子下面是个"木"字，不能写成"米"，"榛子"的"榛"字右边不能写成"泰"。

师：谢谢你。下面我们进入第四关的听写——看动画，写词语。

（图片来源于百度图片）

师：第一个词语是"铺天盖地"，好像有的同学有不同意见。

生：我觉得写"美不胜收"也可以，这样的雪景就是美不胜收。

师：第二个词语是"张灯结彩"，有同学有不同意见，你来说一说。

生：我觉得也可以用"逛庙会"这个词。

师：第三个词语"能歌善舞"，还可以用哪个词？

生："彩排"。

师：你发现了什么？

生：一幅图可以用不同的词语来表述，只要符合图画的意思就可以了。

设计意图：走进听写大会是采用中央电视台一档节目的一种新形式，听写的每一关都不是简单地写。

第一关听写。老师精心挑选的三个词是学生当中特别容易出错的三个字，需要特别引起学生的重视。"初"字的偏旁容易错，怎么才能不错，老师从字体的演变，讲到这个词语的出处、意思，不仅能给学生留下深刻的印象，而且还能够让学生更好地了解古代文字的来源，激发对祖国语言文字的热爱。《语文课程标准》中指出：在语文学习中，要培养学生"认识中华文化的丰富博大，吸收民族文化智慧，关心当代文化生活，尊重多样文化，吸收人类优秀文化的营养"。毫无疑问，语文教师应该有这样的意识和责任。

第二关听写。根据意思写词语是训练学生对词语的理解能力，而把看起来没有联系的词语连成一句话，不仅训练学生理解和运用词语的能力，还训练了学生的想象力，"想象力永远比知识更重要"。

第三关看图片写词语。图片中的榛子和栗子、爆竹和鞭炮、剧种和面具都是名词，但是这些词语有些孩子容易混淆，蒜瓣的"瓣"，激流的"流"、旷野的"野"属于笔画易错字，听写可以帮助学生巩固字形。利用精选的图片进行听写，用最短的时间帮助学生弄清词意，明辨字形，提高了课堂的效率。

第四关看动画写词语。这一部分除了要明白图意，准确用词，还有一个知识点是让学生明白一幅图也可以用不同的词语来描述。通过训练、比较、质疑、得出的结论，学生就会留下深刻的印象。

四、完成目标三——会用词语

师：盘点完字音字形，我们要在实践中学习使用。请看大屏幕：

出示训练第一题：

榛子、栗子、风筝、预备、彩排、逛庙会、零七八碎、张灯结彩、面具、夸张、演绎、激昂、韵味、哄堂大笑、能歌善舞、别无所求、蜂拥而至。

六年级4班的教室里，打扮得和过年一样，处处（　　　　）。（　　）铃响了，老师笑嘻嘻地走进教室对同学们说，这节课我们要编排一个小节目，题目就叫作《推销》，说完就像变戏法一般从包里拿出（　　）、（　　）、（　　）、（　　）等（　　）的东西。曾思浩同学寂寞难耐，不管三七二十一，拿起语文书卷成了喇叭状，冲上讲台，摇身一变，成了杂货店的销售员。曾思浩同学开始放开喉咙："（　　）、（　　）加量不加价，天然无添加，你值得拥有。（　　）（　　）跳楼大甩卖……"那（　　）的表情，（　　）的语调，显得（　　）十足，同学们看到他没有经过（　　）的精彩（　　），全都（　　）。（　　）的闫爱琪和程思琪，笑得腰都直不起来了。曾思浩慢悠悠走到两位女孩面前装出一副可怜巴巴的样子，说："除了让你们买上一点，我（　　　　），帮帮忙吧！"见两位女孩不搭理他，又故意装出一副无可奈何的样子说："既然大家不给力，买一送一吧。"话音刚落，同学们（　　　　），把曾思浩团团围住。

（学生练习）

师：请看参考答案，对照批改。

大屏幕显示：

六年级4班的教室里，打扮得和过年一样，处处（张灯结彩）。（预备）铃响了，老师笑嘻嘻地走进教室对同学们说，这节课我们要编排一个小节目，题目就叫作《推销》，说完就像变戏法一般从包里拿出（栗子）、（榛子）、（面具）、（风筝）等（零七八碎）的东西。曾思浩同学寂寞难耐，不管三七二十一，拿起语文书卷成了喇叭状，冲上讲台，摇身一变，成了杂货店的销售员。曾思浩同学开始放开喉咙："（栗子）、（榛子）加量不加价，天然无添加，你值得拥有。（面具）、（风筝）跳楼大甩卖……"那（夸张）的表情，（激昂）的语调，显得（韵味）十足，同学们看到他没有经过（彩排）的精彩（演绎），全都（哄堂大笑）。（能歌善舞）的闫爱琪和程思琪，笑得腰都直不起来了。曾思浩慢悠悠走到两位女孩面前装出一副可怜巴巴的样子，说："除了让你们买上一点，我（别无所求），帮帮忙吧！"见两位女孩不搭理他，又故意装出一副无可奈何的样子说："既然大家不给力，买一送一吧。"话音刚落，同学们（蜂拥而至），把曾思浩团团围住。

师：请一个同学有感情地朗读一下，曾思浩同学来表演，其他同学认真听，评一评这段话的读、演都有什么特色？

（生有声有色地朗读）

生：读的同学特别棒，但是曾思浩同学的表演没有平时那么潇洒，放不开。

师：看来曾思浩同学也会害羞、不好意思了！下面我们要进行最难的一个环节——创意写作。

写作提示：

（1）运用学习过的一种语言形式。（语言形式有散文、小说、诗歌、剧本、日记、书信等）

（2）做到语句通顺、内容有趣、想象合理。

（3）再比比谁创作的小片段里用到的本组盘点中的词语最多。

（学生创作）

师：下面请一个同学来朗读自己的作品，我们一起来评改。

生：（略）

设计意图：老师精心设计的片段来自学生日常生活，用学生生活中的实例来增强学习的趣味性，调动学生参与读、记、写的积极性，让他们更多地接触词语、积累语言，让他们不仅仅是"记得住"，而且"用得出"。词语放入文本的语境中，在理解和掌握的过程中形成语言运用能力，能使知识融会贯通、举一反三。

　　片段比较长，对于六年级的学生来说需要一定的时间才能够完成，避免了难度太小，学生不用思考轻易得到答案的弊端。片段描写生动形象，激发学生兴趣的同时也起到了很好的示范作用。

　　通过朗读、表演、评价、再读，让学生动脑、动口、动手，训练了学生多方面的能力。

　　创作的语言形式多样，让学生不拘一格。

师：说说这节课你有哪些收获？
生：这节课的课件真好看，有图有动画。
生：黄文俊把曾思浩读活了，曾思浩演得死气沉沉的，但还是挺搞笑的。
生：这些词语我们不但会读、会写，还知道怎么用。
师：收获很大，继续努力，回去继续修改你们写的片段。

　　设计意图：让学生谈一节课的收获，可以让学生巩固所学，对课堂教学的内容印象更深；学习梳理课堂内容，主动查漏补缺，让学生真正发挥主体作用，体验学习的快乐，成为课堂学习的主人。

同行点评

　　从教学目标上分析，这节课为学生提供了大量关于民俗民风的词汇，通过自由读、互相读、领读等方式，帮助学生区分难写易错的字和容易混淆的词语；从话题上来说，这节课所选用的词汇来自不同课文，在复习词语的同时引起学生对课文的回忆，潜移默化地对学生情感态度、价值观产生影响；从语言技能上来说，通过选词填空、创意写作等方式，学生运用词汇的能力得到增强；从教学方法上分析，本节课尊重学生主体地位，充分考虑了学生学习的个体化差异："会读词语"环节中，让学生当老师并促进小组合作，体现了新课标要求的培养学生自主、合作、探究的意识。第四关听写部分引用中央电视台节目新形式——走进听写大会，通过四个环节全方位加深学生对词语的理解，提高课堂效率。从课堂结构上分析，本课结构安排合理，过渡自然，课堂效率高。学生活动和教师讲解高效结合，有效利用课堂40分钟，课堂轻松，问题及时解决，实现了教师和学生的共赢。

（广州市天河区华融小学　朱碧）

多元方式活学活用成语

——六年级《语文综合实践活动汇报课》课堂实录

教材分析

本节课是广州市天河区调研语文综合实践课，像这样的课在小学低年级、中年级、高年级都可以上。不过，每个年段的学习要求是不一样的。这样的课既要有趣味性，更要注重知识性。

学情分析

六年级的学生有比较强的学习能力，有学习的主动性和热情，把一个题目交给学生去研究，他们就会自动分组、自己选题、自己搜集整理素材，通过动脑、动手、动口，自编、自创、自导、自演，自由组合、自主汇报，提高语文能力。教师需要做的是帮助孩子解决在探究过程中产生的疑问，纠正他们错误的认知，帮助学生积累知识，提高能力。

活动目标

1. 引导学生主动学习、积累、运用成语，体会成语的无穷魅力，激发学生学习语文的兴趣。
2. 促进学生思维的发展，培养学生的创新意识。
3. 培养学生积极的竞争意识与合作能力。

活动准备

1. 布置学生准备汇报内容。
2. 将汇报资料制成 PPT 课件。
3. 把全班同学分为五个组，分别按合作的形式就座。
4. 布置教室，将学生活动作品（书写成语、默写成语、画成语、成语手抄报等）张贴在墙上，办成"成语书画展"，在班级内营造浓厚的"学成语、用成语"的活动气氛，并准备各项活动奖品。

活动过程

一、导入

师：前段时间，我们围绕"我和成语交朋友"这一主题展开了一系列的成语实践活动，各个小组合作的活动非常精彩，相信大家在这些活动中都有不小的收获。这节课就请你们将自己的活动成果、探究发现向在座的大家做个汇报。有信心吗？我们来比一比，看哪个小组汇报得最精彩，赢得的掌声最响亮！

好，下面就请出我们第一小组汇报他们的活动成果。

二、各小组成果汇报及展示

第一小组：用知识和成语交朋友

组长：大家好，我是第一小组的组长。我们组的成员有周××、朱×等7位同学。我们组探究的小主题是：用知识和成语交朋友。采用的探究方式：上网查阅有关的成语词典，查找了一些成语典故。首先我们向大家介绍有关成语的历史知识。

（各小组成员分别汇报相关知识）

成员1：成语有很大一部分是从古代相承沿用来的，在用词方面往往不同于现代汉语。

成员2：其中有古书上的成句，也有从古人文章中压缩而成的词组，还有来自人们口里常说的习用语。

成员3：有些意义从字面上可以理解，有些从字面上就不易理解，特别是典故性的，如"汗牛充栋""虎踞龙盘""东山再起""草木皆兵"之类，在汉语成语里占有一定的比例。

成员4：汉语历史悠久，成语特别多，这也是汉语的一个特点。

成员5：汉语成语的来源主要有五个方面：一是神话传说，如夸父追日、精卫填海；二是寓言故事，如刻舟求剑、狐假虎威；三是历史典故，如负荆请罪、破釜沉舟；四是文人作品，如老骥伏枥、青出于蓝；五是外来文化，如功德无量、火中取栗。

组长小结：由此可见，成语与历史有着密切的关联。我们还收集到了一些与历史人物相关的成语，并把它们背下来，与大家分享。

成员6：我在网上下载了一个成语故事视频，与大家分享。（播放《负荆请罪》视频片段）有兴趣的同学可以到网上去查看完整视频。

成员7：成语有很多，我们在网上查了一下，有一百多种分类法，下面简单地向大家介绍几种：①有动物名称的成语：万象更新、抱头鼠窜等。②含有数字的成语：一唱一和、一呼百应等。③典故成语：刻舟求剑、守株待兔等。④表示思考的成语：苦苦地想（苦思冥想），静静地想（静思默想）等。有兴趣的同学下课后可以和我们一起继续探究。

师小结：总之，通过这次成语探究活动，我们对成语知识有了进一步的了解，最深的感受是：成语虽小，但历史很长，是中华民族传统文化的一块瑰宝，散发着神奇的魅力。好了，这组的汇报就到这里，有请第二小组。

第二小组：用绘画和成语交朋友

组长：大家好，我是第二小组组长闫××。我们组的成员有陈××、赖××等8位同学。我们探究的主题是：用绘画和成语交朋友。采用的探究方式：上网查阅有关成语书籍，制作成语绘画作品。（PPT展示）这些作品都是我们小组的同学画出来的，相信你们也会受到启发，请大家欣赏。欣赏完了也想请你拿出画笔，我们来一个现场三分钟简笔画比赛评奖。（出示学生的绘画作品，略）

师小结：总之，通过这次成语探究活动，我们发现成语用绘画的方式来表现也是非常有意思的，而且可以帮助我们加深记忆，希望有兴趣的同学可以继续下去创作出更多更好的作品。好了，第二小组今天就汇报到这里，请大家把对我们的意见反馈到评价表上，有请第三小组。

第三小组：用表演和成语交朋友

组长：大家好，我是第三小组组长。我们组的成员有……我们探究的主题是：用表演和成语交朋友。采用的探究方式：上网查阅有关成语书籍，排练小节目汇报演出。

第一个节目：成语接龙（表演者：全体）。

战天斗地、地大物博、博采众长、长相厮守、守株待兔、兔死狐悲、悲欢离合、合二为一、一举成名、名利双收、收放自如、如履薄冰、冰清玉洁、洁白如玉、玉碎香残、残垣断壁、壁垒森严、严于律己、己所不欲、欲罢不能、能文善武、武断专横、横七竖八、八方来财、财源广进、进进出出、出门见喜、喜笑颜开、开门见山、山山水水、水到渠成、成功在望、望子成龙、龙马精神、神采飞扬、扬名四海、海纳百川、川流不息、息息相关、关心备至、至诚至爱、爱屋及乌、乌合之众、众望所归、归心似箭、箭在弦上、上上之策、策马奔腾……

第二个节目：相声《数字成语》（表演者：吴××、周××）。

第三个节目：成语健身操。

听了有趣搞笑的相声，看了有趣的表演，你对成语这座语音宝库是不是有了更深的印象？其实成语不仅充满了语言魅力，还具有无穷的乐趣。接下来请同学们欣赏并且参与到这个表演中来，叫作《成语健身操》：

左边挥手，右边挥手，这招叫作爱不释手。

向左看看，向右看看，这招叫作左顾右盼。

双掌向天，双脚立地，这招叫作顶天立地。

左边打气，右边打气，这招叫作扬眉吐气。

踢踢左脚，踢踢右脚，这招叫作露出马脚。

向左跳跳，向右跳跳，这招叫作鸡飞狗跳。

前走三步，后退四步，这招叫作不三不四。

左拍屁屁，右拍屁屁，这招叫作拍拍马屁。

向左前摆，向右前摆，这招叫作恭喜发财。

师小结：关于成语的表演形式还有很多，比如说排演小品也是很好的形式，大家课后可以去搜集资料，还可以加入我们的表演组去表演。成语不仅充满了语言魅力，还具有无穷的乐趣。请大家将宝贵的建议填在建议表上。这组的汇报到此结束，下面有请第四小组为我们做汇报。

第四小组：用游戏和成语交朋友

组长：大家好，我是成语游戏组的组长刘××。我们组探究的小主题是：用游戏和成语交朋友。探究方式：上网查阅有关成语书籍，查找一些有关的成语游戏，大家想不想一起玩呢？

生：想。

组长：第一个游戏：看图猜成语。请同学们看 PPT 上给出的图片猜成语。

（出示答案，发放小奖品）

第二个游戏：我做你猜。游戏规则：请组员按照给出的成语做动作，让同学们猜成语。（略）

师小结：通过这次活动，我们感受到：成语虽小，可乐趣无穷。在学成语、用成语过程中，可以在游戏中和成语交朋友。希望同学们课后能够收集、设计更多有趣的游戏，让我们在更多的游戏中交更多的成语朋友吧！成语游戏小组给我们带来了不少欢声笑语，使我们感受到成语的乐趣无穷，第五小组将带给我们什么样的惊喜呢？有请第五小组。

第五小组：用美食和成语交朋友

组长：大家好，我是第五小组的组长杨××。我们的组员有邢××、张××等九位同学。我们组探究的小主题是：用美食和成语交朋友。请看视频，这是我们制作美食的过程。

当然，我们今天不仅带来了好看的视频，还带来了好吃的食物。想不想品尝一下呢？

生：想。

组长：请大家拿出自己的美食。看到这些美食，你们会想到哪些成语？

生：藕断丝连、回味无穷。

生：色味俱佳、油而不腻。

生：五味俱全、垂涎三尺。

生：大快朵颐、饕餮盛宴。

组长：请大家文明有序地品尝我们的美食吧。

师总结：同学们，老师看到你们的出色表现，真为你们高兴！这次活动大家踊跃参与、团队协作，一起探究了成语世界，感受到了成语的无穷魅力。我们在探究的同时，不但巩固了一些已经学过的成语，还学会了不少新的成语。这段时间里，大家享受快乐的同时，能力也得到了多方面的锻炼，希望大家学成语，更要会用成语，时时处处积累成语，让成语伴我们一起快乐成长吧！

同行点评

肖老师很重视学生学习习惯的养成，以成语复习为切入点，引导学生在巩固、运用中触类旁通，进一步丰富积累。

这节课课堂气氛很活跃，进行得很顺利，环节循序渐进，紧扣主题，学生在活动中主动地学习、积累、运用成语，使学生学成语、用成语的能力不断得到增强，并很好地锻炼了学生的思维能力，激发了学生学习成语的兴趣。本节课肖老师运用形式多样的活动一步步引导学生说成语、用成语，师生共同营造了和谐、民主、合作、探究的课堂教学氛围。

（广州市天河区汇景实验学校　唐海燕）

教学文论

教学生写好《悄悄话》

九年义务教育六年制第五册第一单元的作文内容是看图写话。教材中有如下提示:"仔细观察图画《悄悄话》,想一想图上都有谁,他们在干什么,小姑娘手里拿着什么,在对爷爷说些什么悄悄话。想好了先说一说,再写成一段话。"开始,我就按照教材本身的内容进行指导,让孩子们根据题目要求自由表达,用自己的语言来描述整幅图画。结果发现学生大多说不了几句话;写完之后一批改,更是发现孩子们写不了几行,而且病句、错字也比较多。

三年级的孩子正处于从写话(口语记录)逐步转向作文(书面表达)的过渡时期,写好第一篇作文对于刚进入中年级的孩子树立今后的写作信心是十分重要的,因此我决定重新对孩子进行看图作文《悄悄话》的指导。

一、教给看图的方法,帮助孩子弄清图画的主要意思

从孩子们的习作中发现,他们对图画的观察往往缺乏条理,因此写作时丢三落四、东拉西扯。于是我首先教孩子们:看图可以从远看到近,从整体看到部分,从景物看到人物。例如我们今天观察这幅图就可以先看背景:图上画了哪些景物,请大家从远到近地说说。结果孩子们说到了阳光、房屋、大树、一只老母鸡和一群小鸡、水仙花等。我又让孩子们说图上画了些什么人,他们在干什么?孩子们说图上画了一位老爷爷和一位小姑娘,小姑娘在对爷爷说悄悄话呢!这样孩子们就基本将图意看明白了。

二、结合阅读教学,让学生将范文中的写作知识和写作技能迁移到写作中

语文教学应该写好结合。课文《晨读》第一段为孩子写《悄悄话》的景物提供了极好的范例。我让孩子们回忆《晨读》中的景物描写,然后出示了以下练习:

初春的一天下午,天气(　　)。(　　)的阳光(　　)山村,村里的一个小院子里,大树刚刚抽出了(　　)的新芽,一只老母鸡领着一群小鸡正在空地上(　　)地(　　)。大树旁边,水仙花迎着太阳,呈现出(　　),十分惹人喜爱。

由于有范文可以仿效、借鉴,降低了写作的难度,学生在描写景物这一部分时就觉得较容易了。尽管这样教孩子写作文会容易导致写作思路雷同、句式相仿，但对于刚学作文、无话可说的孩子来说是极有帮助的，对他们语言的规范和发展也极为有利。

三、注意指导学生观察人物的动作和表情

小姑娘对着正在编竹篮的爷爷说悄悄话是这幅图的主要思想，但是光弄清图的主要意思对于写作文是远远不够的，还应当重点指导孩子们观察人物的动作和表情，这有助于孩子们将静止的画面在头脑中变成活动的画面，为作文写得生动具体打好基础。我设计了如下练习：

看，老爷爷正在大树底下编着篮子。他编得多（　　　）啊！眼睛（　　　），手（　　　）。小姑娘放学后，（　　　）地回到家，她来到爷爷的身边，身子（　　　），右手（　　　），左手（　　　）通知书，（　　　）背后，脸上露出（　　　）的神情，她（　　　）起脚，对着爷爷的耳朵（　　　）地说。

在学生做这一个练习时，老师要努力纠正他们的语病，尤其要强调用词的准确。对于学生的不同答案，让他们仔细比较，同时告诉学生写好人物的动作和表情是写好作文的重要组成部分。

四、指导学生进行合理想象

"小姑娘手里拿着什么，在对爷爷说些什么悄悄话？"从教材给我们的提示中不难看出，要求教者对孩子进行初步想象力的培育。这种想象不是漫无目标地凭空瞎想，而是要让孩子根据图片的意思进行合理的想象。小姑娘与爷爷的对话会与什么有关呢？我让几组孩子进行讨论，模仿画中人物进行对话表演，最后让全体同学对对话内容进行评议，弄清楚什么样的对话才符合图画的含义，这样的对话内容就可以作为本次习作的材料。

通过这样的指导，孩子们第二次《悄悄话》的习作，不仅内容具体，篇幅较长，而且语言也比较规范，病句、错字明显减少。

（本文发表于 1999 年第 5 期《小学语文教师》）

"兴趣是最好的老师"之我见

前几天跟一位颇有名望的老师在一块吃饭，他一直强调要培养孩子学习外语的兴趣。兴趣是最好的老师，只要孩子喜欢上外教课就行了。

我的孩子在外教班上英语课已经一年了，每周四节英语课她都很喜欢。我也常常听助教老师说孩子在课堂上表现很活跃，老师们都很喜欢她。我不苛求孩子十分优秀，但我也坚信她不至于太差，就算一般吧，学习不太突出，但跟得上。每次上完外教课回来，我问她外教讲了些什么，她总是说记不得了。有时老师将上课的内容发回来，评价栏里对孩子的评价也很高，可我每次问她怎么念，她大都说不会，要么就说不记得了。英语歌倒是唱得挺熟，但具体是什么意思，她往往说不清楚。

外教的课堂形式灵活，内容也是想上什么就上什么，这大概与老师的国籍、国情有很大的关系。英语和众多语言一样，要想学会、学好并准确运用它，听力训练是极为重要、必不可少的。外教课如果既没有固定的内容，也没有相应的听力材料，只靠学生在课堂中做游戏来培养兴趣的话，我对这种方法实在不敢苟同。

我一直认为，一个人要想学有所成，仅凭兴趣是不行的，更重要的应该是有一种责任。怕困难是人的本能，而人们在学习、成长的过程中总是会遇到无数的困难，又有谁对困难产生兴趣呢？还是拿我的孩子来说吧！她喜欢上学，但绝对不是对学习的目标、学习的内容感兴趣，而是对学校的伙伴、学校的活动感兴趣。她曾经对我说过，她喜欢学习，但讨厌做作业；喜欢读书，但讨厌写字，尤其讨厌写日记。如果只由她凭着兴趣，只上学不做作业，只读书而不写字、不记日记，她会学成什么样？孩子们喜欢玩、喜欢看电视、喜欢打游戏，但是能由着他们一天到晚地玩、一天到晚地看电视、一天到晚地打游戏吗？

曾经读过一本叫作《没有孩子是差生》的书，里边有一句话给我留下了深刻的印象，作者说"别把快乐童年和傻玩等同起来"。快乐童年应该培养孩子各方面的良好兴趣，让孩子受到美的熏陶而兴致勃勃地去学习，学习本领会让孩子在众多小朋友心中有一个位置，这样他就很容易有自信心。学习的方式固然很重要，但更重要的是通过学习方式让孩子达到认知的目标。如果没有认知的目标，再有趣的学习方式也达不到理想的教育效果。

　　新课程改革不仅给教师们带来了极大的挑战，也给孩子们带来了极大的挑战。尽管古人有曰：吃得苦中苦，方为人上人。但毕竟苦学不如乐学，乐学又不如好学，怎样引导孩子在学习的过程中勇敢地战胜困难，超越自我，把学习当作一件快乐的事，自觉地追求新知，这才是我们做家长、做老师应该深思的问题。

（本文发表于 2007 年第 10 期《教学艺术》）

心怀感恩，点点滴滴都是美丽的风景

今年接了个一年级的班，烦心事儿可真不少！班里遇到几个调皮的娃娃，更是把教室弄了个鸡飞狗跳。"老师，马鼎舜刚才打我了。""老师，我的铅笔又不见了。""老师，林文韬没有写作业。""老师，徐江羽把我的作业本扔到楼下去了。"告状的声音此起彼伏。

刚到办公室坐下，水还没来得及喝，班主任群里，邱老师调出监控，截出监控视频，痛声疾呼："亲们，麻烦帮忙认认，这个小姑娘是哪个班的？昨天放学后，5点多，多次进入我们班，用我们课室后面的颜料把黑板报、桌子、地板，还有墙壁涂得到处都是。黑板报都被毁了。今天我班的孩子花了半个多小时清理教室。太可恶了。"打开视频一看，是我班的杨文淇，她无所事事，跑到人家班里干坏事去了。

刚刚通知完家长来处理，那边广播又响起来了，德育主任说："一年级的班主任请注意，看看哪个班的同学在小花园里爬树，赶快去制止这种危险的行为。"打开窗户一看，我们班的"调皮大王"允言带着圣荣、翊天爬得正欢……

下午班级卫生评比的时候，为了不让托管的孩子弄脏教室，我带着几个孩子去图书馆，马鼎舜紧紧地拉着我的手，好开心地跟着我一起走。好久没有像这样拉着小朋友的手了，我轻轻地问："老师这几天有生气，还批评了你，你不怕老师吗？"他笑嘻嘻地说："不怕，老师批评我，也是为我好呀。"他把我的手抓得更紧了，我的心里暖暖的。

下午练操的时候，我让孩子们中场休息五分钟。徐江羽同学走过来对我说："老师，我好想去上厕所，可是我又怕赶不回来集中，我还是不去吧。"我说："你去吧，没关系的，我会等你。"他又说："同学们解散了，等一下你叫他们集中的时候，他们听不见，我怕你把嗓子喊坏了。怎么办呢？老师，我好担心你。"我说："没关系，等下我拍拍手，你就带着小朋友回来。"他才放心地去上厕所。

早上文韬没有给书上的汉字注音，下午他把补的作业交给我说："老师，我已经把作业补上了，你可不可以给我加一颗星。"我笑了笑说："可以。"我批评景雯同学说你怎么不做语文书上的看字加拼音，还向她妈妈投诉，妈妈说："我们做了，怕您看不清，写在本子上了。"我好羞愧呀。

弈熹和语晨把颜料弄到教室的柜子上，我"告状"了，还让娃娃写检讨，字还不会写呢！家长说没问题，让妈妈来擦柜子，结果弈熹爸爸来了，把柜子擦得干干净净，还把全班的课桌擦得干干净净。我都有点不好意思了，这么点儿小事，怎么能让爸爸干呢？弈熹妈妈说："爸爸力气大！"哈哈哈！

今天早上翊天奶奶在校门口给我打电话，说："老师，我们做错事了，我们家天天拿剪刀剪了小朋友的作业本，还剪了小朋友的书包，我们想给小朋友赔一个，可是梓墨的家长非常通情达理，说没关系。这个事儿我们也没跟老师说，今天，天天爸爸一定要带着孩子亲自向那个小女孩道歉。请老师跟保安说说让我们进来吧。"他们走进教室，奶奶悄悄地对梓墨说："要不要用天天的压岁钱给你买个小书包。"小女孩笑着摇摇头说："不用了。"

文淇妈妈听到孩子在别人的教室乱涂乱画的事，马上就请假回来，主动向其他班的老师和同学道歉，主动做卫生、赔颜料，态度诚恳，让我感动。我还拿这件事当作案例来教育全班同学不准到其他班去乱涂乱画。其实这件事情应该是我的责任，文淇妈妈去帮我们班购买出墙报的颜料，晚了一点来接孩子，文淇又是个喜欢画画的娃娃，看到其他班级出墙报出了一半，没有人在教室里，有颜料放在柜子上，就进去涂涂画画了。这是孩子没有意识的过错。如果文淇妈妈不帮我们班里购买颜料，就没有这件事情了，但是文淇妈妈一句埋怨的话都没有，一直在跟我和其他老师说对不起。她带着孩子去人家班里做卫生，说不定昨天还被扣工资了。其实该说对不起的人是我，我才是那个应该去搞卫生、赔颜料的人。现在想起来这件事心里都很疼，真的感谢文淇妈妈的宽容大度，感谢文淇爸爸妈妈对班级工作的支持。真的很抱歉，很抱歉！

网上流传一句话：站在2层楼上看到的都是垃圾，站在80层楼上看到的都是风景。人生有高度，心中怀感恩，点点滴滴都是美丽的风景。

（本文发表于2020年第6期《班主任之友》小学版）

一年级绘本教学的几个策略

——《我爸爸》教学例谈

很多学校绘本教学开展得有声有色，让我深受触动。最近我也走进了绘本的教学，孩子们非常喜欢，自己也受到了很大的启发。绘本，对于孩子们来说是新鲜的阅读材料，而对于我们教师来说也是一个全新尝试的课堂。让孩子们走进绘本，也让我们的教师感受到了绘本的无限魅力。下面就以《我爸爸》这节课的教学实践和思考，谈谈绘本教学的有效策略。

策略一：看一看

绘本是以图文并茂的形式，反映儿童生活为主的图书。《我爸爸》是英国绘本大师安东尼·布朗对所有父亲的献礼，同时也有其对自己父亲的怀念。

在老师声情并茂的朗读声中，打开第一页"这是我爸爸，他真的很棒"！一位胖胖的父亲端坐在桌子前，穿着睡衣，满眼惺忪，头发乱糟糟，哪里能看出来这位父亲很棒呢？文字和图画的错位让读者哑然失笑，可是且慢，爸爸背后的墙上贴着一幅画着"太阳"的画，从稚嫩和简单中可以看出出自孩子之手，莫非作者是在暗示我们：爸爸是"我"心中的太阳？

往后翻，是一个跨页，"他什么都不怕，连坏蛋大野狼都不怕"。爸爸叉着腰，大野狼正灰溜溜地往外走，门上的太阳呼应了前面墙上的太阳。再仔细一看，躲在门外树背后的是小红帽和三只小猪，呵，他们可是最怕大野狼的呀！"我"爸爸是如此孔武有力，无所畏惧。再想一想，为什么作者要用大野狼来进行对比呢？首先因为它是孩子们熟悉的动物，更深层的原因是，能打败大野狼的爸爸可以提供给孩子安全保障——不管是在身体上，还是心理上。

再往后看，"我爸爸吃得像马一样多"。爸爸的头变成了马头，连椅子腿儿都变成了马蹄，可是，仍然看得出来这是"我"爸爸，为什么？因为笑容还是爸爸招牌式的笑容，睡衣还是爸爸标志性的睡衣。这是表现安东尼·布朗超现实主义画风的典型图画，孩子们看到这样随意组合的形象，一定会乐不可支。

爸爸就一直这样被比喻来比喻去，直到最后，"我爱我爸爸，而且你知道吗"，孩子的一双手伸在爸爸的胸前，小太阳又出现在爸爸的睡衣纽扣上，爸爸露出慈祥的笑容和温柔的目光。再翻到最后，"他也爱我（永远爱我）"。爸爸把"我"紧紧地搂在怀里，背景是凸显"永远"的年轮或时光隧道。当孩子们沉浸在比喻的乐趣中时，作品突然笔锋一转，变成了情感的倾诉，相信很多孩子在此时都会热泪盈眶，破"笑"为"涕"。

伟大的儿童文学作品总是具有一种非凡的气质，它能最大限度地调动起读者的童年经验，让孩子在熟悉中亲近，让大人在回忆中微笑。读完这本书后，也请你闭眼想一想，在你小时候，你有没有觉得自己的爸爸威猛高大、无所不能？

策略二：猜一猜

优秀的绘本能够提供给孩子无限的想象空间，孩子们丰富的想象会拓展作品的内涵，使作品更加丰满。教学中，我设计了这样几个猜的环节，第一次猜想：出示第一幅图"你瞧！爸爸的头发乱蓬蓬，小小的眼睛，大大的嘴巴，穿着花格子睡衣，衣领也没有整理好，好像刚睡醒的样子"，这样的爸爸给你什么感觉？可是作者却说："这是我的爸爸，他真的很棒！"爸爸棒在哪里？谁来猜猜看？第二次猜想："爸爸在运动会上轻轻松松就跑了第一名"那幅图之后，让孩子们猜"我爸爸还棒在哪里"？第三次猜想：出示"我爸爸吃得像马一样多，游得像鱼一样快。他像大猩猩一样强壮，也像河马一样快乐"图之后，让孩子们猜猜这本图画书上还会画些什么，爸爸还会像什么动物、怎么样呢？

猜读，指在读书的过程中，根据已知的内容，推测未知的内容。一个人在阅读一本书或一篇文章的过程中，往往会依据文本的文字，对还未看到的内容或围绕文本的空白点进行推想猜测。"猜"更是孩子们的拿手好戏，他们简直是奇思妙想的天才。想象原是绘本的特质，绘本的故事与图画会自然引发孩子们爱幻想的天性，令他们浮想联翩，安排一定的时间让孩子们充分交流他们的大胆想象，能极大地满足孩子们爱幻想的心理，同时还能锻炼其口头表达能力、思维能力以及创造力。为此，猜读便成了绘本导读中最合适的方法。

策略三：画一画

"爸爸还像其他什么动物，具有什么特点？请你把他画下来。"绘本中的图画部分，都是知名插画家的作品，他们运用各种材质，营造故事情节，让孩子在阅读过程中，享受文学，也受到美的熏陶。让孩子们进行补白性画图：补白性图画与文字有关系，但是又将文字内容做了新的拓展，它起到了帮助孩子理解文本、丰富孩子想象的作用，也使主题更加鲜明，情节更有趣味。这也是一个文本创造性编写的过程。请看，孩子们画出了：

> 我爸爸像熊猫一样温柔。
>
> 我爸爸像长颈鹿一样高大。
>
> 我爸爸像猴子一样灵活。
>
> 我爸爸像老虎一样威风。

我爸爸像小蚂蚁一样勤劳。

我爸爸像老黄牛一样能干。

…………

策略四：演一演

一本好的绘本，孩子会百看不厌。在看的过程中，可投入感情读故事，可以用动作、神态辅助语言来"演"故事，用生动、夸张的手法来呈现故事，这有利于启发孩子的创新思维，培养孩子的想象力，而且也能起到引导孩子积极地参与学习过程的作用。

在《我的爸爸》我安排了两处表演：一是"我爸爸大野狼也不怕"，大野狼来了，爸爸会怎么说，又会怎么做？二是"爸爸常常逗我哈哈大笑"，爸爸会怎样逗得"我"哈哈大笑呢？

课堂上的表演，孩子们都积极参与，非常投入，绘声绘色、有模有样。台下的观众更是看得津津有味，不时爆发出阵阵笑声和掌声。在表演的过程中，孩子们要动脑、动嘴、动手，这不仅能发展孩子们的思维，而且能培养他们的各种能力。

孩子们的创造力和表现力真是不可估量。

策略五：找一找

在绘本中，图画不再是文字的点缀，更不是文字的附庸，而是图书的命脉，有些绘本甚至一个字也没有，仅用绘画来讲故事。一本好的图画书，能让一个不识字的孩子仅看画面也能"读"出大意。西方一位儿童文学研究学者说："绘本是孩子在人生道路上最初见到的书，是一个人在漫长的读书生涯中读到的所有的书中最重要的书。一个孩子从绘本中体会到多少快乐，将决定他一生是否喜欢读书。儿童时代的感受，也将影响他长大以后的想象力。"由此可见，绘本教学的重要性、可塑性。因此，教师在带领孩子们一起阅读时一定要积极引导，要让孩子们通过仔细观察画面，关注图画书中的细节，让孩子在看图中读懂故事、发现细节、感悟内涵。

孩子的读图能力相当强，比我们大人在这方面的能力强很多。他们在读图的过程中发现爸爸衬衣上的纽扣是不一样的，一个纽扣是笑脸，一个纽扣是太阳。他们还发现在好几幅图中都出现了太阳，有时挂在墙上，有时躲在门后，有时画在袜子上，有时镶嵌在衬衣纽扣上。云朵也有各种各样的变化，在爸爸走高空绳索那幅画中，白云变成了爸爸头上的王冠；在运动会比赛上轻轻松松得第一名的那幅图上，白云又变成了爸爸头上的汗水；在爸爸像房子一样高大的图画上，白云变成了屋顶；而在爸爸踢球技术一流那幅图上，白云又变成了爸爸踢到天上去的足球，或者是旁边的小树。孩子们甚至发现了绘本中许多有趣的东西，比如爸爸可以从月亮上跨过去那幅图，孩子们惊奇地发现锅长出了两只会跑步的脚来，实在是太有意思了。

每一个孩子都是读图画的天才，只要故事在图画上表现出来，孩子的眼睛就会发现它们。他们能发现画家没有发现的破绽，能读出成人料想不到的意思。要引导孩子把这些有意思的东西找出来。反复读，反复找，每一次的感受都会不一样，每一次都会有新的发现。

"看、猜、画、演、找"是绘本教学非常有效的策略，我们可以尝试运用这些策略让孩子享受绘本阅读的快乐，不断提高一年级学生的语文素养。

（本文发表于 2013 年第 2012 期《广东教学》）

一年级写话教学的几点尝试

　　叶圣陶先生曾给语文下过这样的定义："语文就是语言，就是平常说的话。嘴里说的话叫口头语言，写在纸面上的叫书面语言。语就是口头语言，文就是书面语言，把口头语言和书面语言连在一起，就是语文。"这就决定了说话和写话教学是语文教学中不可或缺的一部分。

　　《语文课程标准》将"写话"教学根据年级段分为"写话"和"习作"，并明确指出："在低年级，主要是让学生对写话感兴趣，写自己想说的话，写想象中的事物，写自己对周围事物的认识及感想。"这段话为低年级的"写话"教学指明了方向。作为一位低年级教师，我经过一段时间的探索，作了一些尝试。

一、培养"写话"兴趣，以说代写，以画代写

　　低年级的"写话"，首先应当是兴趣的培养。尤其是一年级的孩子，他们生活经历少，形象思维占主体地位。因此教师应当顺应这一规律，给孩子充分的自由，学生喜欢写什么，就让他写什么；学生喜欢怎么写，就由他怎么写；学生能写多少，就由他写多少。由于一年级的孩子识字量少，年龄小，握笔的时间也不宜过长，于是我让家长给孩子准备一个专门的"写话本"。首先让孩子在本子上尝试把自己的经历画下来。然后在旁边写上简明的注释性的话。写字有困难的孩子可以请爸爸妈妈帮忙，自己口述，父母记录。这样一来，他们便会觉得"写话"是很有意义、很简单，也很有趣的一件事，对写话便不会产生畏难情绪。

　　例1：今天晚饭时，安安到我家来玩，霸着我的火箭炮玩具不让我玩，让我很不开心。

[一（3）班　何宇皓]

　　例2：这个星期，我当了组长，心里很高兴。

[一（1）班　罗天麟]

　　例3：张老师买了金鱼，有四条，我喂金鱼吃了饲料。

[一（1）班　李权信]

　　例4：妈妈到天河城给我买了一双波鞋，还有毛衣，我亲了妈妈一下，说："妈妈，真好！"

[一（3）班　周泽林]

例5：最近，爸爸妈妈给我买了一架钢琴，黑色的，琴身发光，很漂亮。

[一（3）班　袁紫琪]

天长日久，日积月累，孩子们的写话本就会变成一本图文并茂的小画册，他们在欣赏自己的同时也逐渐地感受到写话的乐趣。

二、注重阅读指导，丰富孩子的语言积淀

语文课是学习语言的重要途径，文质兼美的课文给孩子们提供了学习和组织语言的范例。但是仅仅学好书上的课文是不够的，知识就好像是宽阔无边的大海，一本书收集到的课文就好比是大海中的一杯水。因此我们还应当启发学生到知识的海洋里去汲取营养，不断地扩大自己的知识面，增加自己的知识量，不断地提高自己的认识水平。

在学完拼音之后，我开始指导学生进行课外阅读。首先将拼音读物推荐给孩子们，并要求他们在阅读中将自己喜欢的词、句、段摘录或者剪贴，并鼓励他们将优秀的、有特色的话背出来，或者抄下来。每节课课前两分钟都用来交流、汇报、展示自己的收集成果。可以背诵，可以默写，也可以抄下来贴到墙报的展示栏里。他们抄得多、背得多了，文章中的语言便会逐步转化为自己的语言，使得他们想表达却无法表达的缺陷得到了弥补。学生之中存在着许多差异，"写话"有困难的，就让他去抄一抄别人写得好的词、句、段，应该说抄也是一种学习。一段时间之后，他们的摘抄或剪贴本就变成一本佳作欣赏册了。

例1：有些恐龙蛋长达16厘米，但是许多恐龙蛋却小得让人无法抓起。恐龙蛋小并不意味着由它孵化出的恐龙也长得小，正像"合抱之木，生于毫末"一样，许多巨大的恐龙都是微小的恐龙蛋孵化出来的。

[一（3）班　李　想]

例2：时间抓住了就像金子，抓不住就像流水。

[一（3）班　王钊宇]

例3：今天下午，我读了几条谜语。就是：

无风不开，有风花开，刚开又落，落了又开。（谜底是浪花）

草上结满金银果，太阳出来它就躲。（谜底是露珠）

小小包，小小帽，里面有个小宝宝。（谜底是莲子）

[一（1）班　周懿君]

日积月累，积少成多，学生的记忆能力和思维能力都有明显提高。相信厚积而薄发，大量的汲取必将为高年级的习作奠定厚实的基础。

三、告诉观察的方法，指导孩子做生活的有心人

一年级的孩子年龄小，对外界事物缺乏敏锐的观察、思考能力。他们的所

见、所闻、所思、所感起点低，范围小。老师让他们写话，有的孩子就写成了流水账，像什么早上吃完饭就去上学，上午上完课吃饭，吃完饭写作业，写完作业睡觉等类似的文章。学生记流水账的原因主要是不会观察生活，对生活没有感受和体会。这就需要老师加强指导，告诉学生怎样去观察生活，并且不断地帮助他们，让他们睁开眼睛凝视万物，竖起耳朵倾听天籁，敞开心扉关怀、感悟生活，陶冶情趣，提高对生活的认识。

让孩子们做生活的有心人，让他们学会将自己所见所闻、所思所感装进自己的写话本里。谁的话写得好，谁就是同学们的榜样。让他们学习身边的榜样，他们也同样会去学习观察，从生活中撷取写作的素材。

例1：星期三，全班同学在上数学课，冯老师来给我们上课。正好那一天冯老师需要尺子画线。杨俊平同学没带尺子。他说："老师，我的茄子没带来。"全班同学听了，都笑了。

[一（1）班　邵玉洁]

例2：我和妈妈一起去坐地铁。这是我第一次坐地铁，所以很高兴。地铁站很大，很凉爽。大约等了一分钟，列车就进站了，速度非常快，像一阵风一样。外面的灯光变成了一条线。列车里面干净而明亮。我喜欢坐地铁，因为它方便，价钱也不贵，想到什么地方一下子就到了。

[一（1）班　罗星岚]

例3：晚上和爸爸一起踩自行车回家，爸爸踩大单车，我踩小单车。虽然有点累，但是很开心，在街上跑感觉自己又长大了。

[一（1）班　邓楚瑜]

再则，大自然的变化，是教师提示学生观察的一个重要的组成部分。还可以和孩子们一起去养养花、种种树、喂喂小动物，和孩子们一起做游戏。

例1：去外婆家的路上，我看到天上的朵朵白云，真好看，因为它们很像棉花。

[一（3）班　彭泽熔]

例2：我和妈妈去了华南植物园放生，我很高兴。我放了许多动物，有乌龟和小鸟。我把乌龟放在水里，它在心里感谢我，和我再见；我把小鸟放在草地上，它在我和奶奶的头上飞了两圈，才飞上树枝。我希望它们能在大自然里生活得很好，再也不被人抓到。

[一（3）班　刘慧珊]

实践证明，这些真实而有趣的经历，既培养了孩子的观察习惯、丰富了他们的生活，又让他们有话可说、有话可写。

四、激发孩子的想象力，培养孩子的创新思维

有人说："想象力比知识更重要。""想象力是人类思维中最美丽的花朵。"

一年级的孩子在独自玩耍时，通常会自言自语，自得其乐。这就是儿童的"富想象和幻想"的心理特点。这种想象带有幼儿时期的心理特征，虽然想象的目的性、主题性不强，但是他们能根据自身过去的经验自由联想，想象丰富而独特，甚至还会有奇思妙想，因此让孩子们进行想象性的写话不仅能扩大写话的范围，提高他们的表达能力，而且有效地培养了他们的创新思维。

例1：我梦见自己变成了爱心小天使，飞过高山，飞过大海，飞过平原，飞到美丽的台湾，和台湾的小朋友一起唱歌、跳舞。

［一（1）班　潘楚欣］

例2：我想为自己设计一个美丽的家。先是有一座大房子，房子周围有美丽的花草树木，院子中间有个大池塘，塘里的鱼自由自在地游来游去。

［一（1）班　嘉利］

例3：要是有一支神奇的笔，当我不会做作业的时候，它会自动把答案写在纸上，那多好啊！

［一（1）班　浩楠］

孩子们天真烂漫的想法，让人回味无穷，让人觉得特别有意思。

五、及时点评，发挥家庭的教育作用，提高写话能力

低年级的孩子写话不宜要求过高，但写了就一定要要求他们把话写得有条理，文通字顺。

事实上，有的孩子能说，说得也很好，但并不见得能写得好，因为他们的思维往往不注重细节。为了提高写话的实效性，我不要求多写，一般是要求一周写一次，写完之后家长先给予评价，署名，还可以在"每周一话"的本上写建议。这样，段落的格式、句子的流畅、字词的准确等在家长那儿就得先过过关。有些家长没有时间，或者没有能力，学生自己也评不好，那怎么办呢？我先将典型的作品放在投影仪上，集体评改，并将评改的方法告诉全班同学，这样一来，评改就非常直观有效了！

不仅如此，我还要求学生当众宣读自己的作品。无论多忙，每周都专门用一节课来完成这件事。班级大，人数多，我就把学生分为几个大组，让出色的同学担任组长，先在小组里读，再把大家认为好的作品推荐给全班同学。同学之间的评议可以是口头的，也可以是书面的，还可以用表情符号。每个孩子在墙上都有

自己固定的展示栏，可以把自己的作品放在展示栏里，随着时间的推移，不断更换自己的作品，换下来的作品收入自己的成长记录袋。

　　经过一段时间的实践，我发现这样的尝试对提高低年级孩子的写话能力极有成效。

　　　　　　　　　　　　　　　（本文发表于 2005 年第 Z2 期《小学教学设计》）

写日记也可以很有趣

写日记不但能提高学生的习作能力，还能帮助学生提高认识、培养毅力，对于提高学生的语文能力绝对是有益无害的事情。那么能不能在小学低年级就进行学写日记的训练呢？

一、从兴趣入手，降低难度，培养学生写好日记的自信

1. 定点试验，激发信心

低年级的学生活泼可爱，也比较情绪化，学写日记，首先要打消他们的畏难情绪。我告诉孩子们，学校要选一个班作为日记写作实验班，因为我们班同学不仅智商特别高，还特别有毅力，学校考虑后，选了我们二年级一班，你们的心情怎样呢？孩子们一听老师夸他们智商高、有毅力，当然很高兴，觉得特别光荣，于是高高兴兴地把日记本领回去了。

2. 教会积累，厚积薄发

没有积累是无法写出好的习作来的。于是，我在班里成立了图书角，收集了大量的适合学生阅读的课外读物供学生阅读，教学生：看到了好文章，把它抄下来；看到了好词汇，把它抄下来；看到了好的开头、结尾，把它抄下来；看到了好段落，把它抄下来；看到了一幅好漫画，把它复印下来；看了一本好书，把它的大致情况写下来；听了一首好歌，把歌词抄下来；报纸杂志登的新闻，把它记下来……如果字数太多，很难抄，可以复印，再剪贴在自己的日记本上。这么一来，学生就觉得不难了。抄抄、剪剪、贴贴，挺有意思！我们一周还专门抽出一天来交流，看看谁抄的内容最有意思，选出最佳的本子在全班轮流展示，自然而然，学生开始对课外阅读发生了浓厚的兴趣，厚积而薄发，大量的汲取为写好日记奠定坚实的基础。

尊重学生的能力，不做过高的要求，学生想写什么就写什么，想怎么写就怎么写，想写多少字就让他写多少，这样可以培植学生"想写"的意识，激发学生"乐写"的兴趣，培养学生"善写"的能力，让他们对写好日记充满自信。

二、用方法引路，指导学生掌握写好日记的技巧

"教无定法，贵在得法。""得法于课内，受益于终身。"孩子年龄小，对外界事物缺乏敏锐的观察、思考能力。他们的所见、所闻、所思、所感起点低，范

围小。老师让他们写日记，有的孩子就写成了流水账。所以要重视并上好日记指导课。我是从以下几方面来指导的：

1. 指导学生言之有物

叶圣陶先生曾经说过："生活如泉源，文章如同溪水，泉源丰富而不竭，溪水自然活泼地流个不歇。"学生们在作文时常常觉得无话可说，写出来的东西贫乏，一个很重要的原因就是不会观察。要培养学生做生活的有心人，做到处处留心观察，时时用心记忆，事事细心体会。只有这样，作文才会"言之有物"。

2. 指导学生言之有序

所谓言之有序，就是按一定的顺序写。说话、写文章都要有一定的次序，作文时按一定的顺序写，可以使文章条理清楚、层次合理、主题鲜明。这样的文章不仅容易让人读懂，还能给人留下清晰的印象，所以必须重视和加强这方面的训练。

三、以评价、激励为手段，帮助学生养成记日记的习惯

写日记可以磨炼人的意志。写一篇日记容易，难的是天天写，月月写，甚至成为坚持一生的事情。

"只要公开发表一次，就会改变孩子对写作态度和价值的认识。"这是一位作家辅导自己的孩子写作时谈到的很重要的一点。可是作为一个教师，让孩子在报纸杂志上发表文章，难度较大。怎样让孩子的日记得到交流，让孩子有成功的体验呢？我开辟了这样几条途径：

（1）班级朗读。不管多忙，我都会找出学生的日记在班上进行朗读，每周一节的朗读日记课，雷打不动。开始的时候，有些孩子胆子小，就帮助他读，慢慢地他可以寻找自己认为读得好的同学帮忙，最后过渡到自己读。这样一来，学生不但增加了写日记的热情，争取能够在班会上得到展示，而且还锻炼了自己的朗读能力，增加了胆量。

（2）墙壁张贴。每个孩子在墙上都有一块属于自己的园地，孩子们可以精选自己一周最得意的作品请家人帮助打印出来，贴在墙上供大家阅读欣赏。暂不论能不能影响班上的学生，对写日记的同学自己是一个极大的鼓舞。

（3）上黑板报。班级的墙报要定期更换，都是由孩子们自己选稿、排版、完成，如果能够被墙报组选上发表在黑板报上，那也是一件无比光荣的事情。如果能够得到家长的支持，帮助孩子建立个人博客，并用它来发表孩子的作品，那就更好了。

1. 等级评奖，积分换奖

不管有多少事情，我总是坚持在上午将学生的日记浏览一遍，并且给予等级评定。孩子们比较喜欢奖励，我就规定日记得到一等A级的同学，可以得到老师设计的奖励卡一张，积累够5张可以换一张表扬信，积累够5张表扬信可以换一

份小礼物。试想一个学生一个学期坚持天天写日记，他的日记怎么可能会写不好？

2. 积分活动

为了激励孩子们不偷懒，我在班里设计了积分活动。以孩子每天日记的字数为基本分，300 字的日记就算 300 分，日记评奖课上分四人小组进行交流和评改，每发现一个错字和错误的标点扣 10 分；发现一个病句扣 20 分；发现交代不清或者语序混乱的情况，四人小组根据情节商议扣去 30~50 分；如果发现抄袭的行为，发现一次，基本分全部扣掉，再加扣一倍的分值。扣下来的分数，平均奖励给其他三位同学，每天放学后拿出几分钟就够了。大家在评议时都是眼睛睁得大大的，脑力开得足足的，想从别人那里多赚些分，自己少扣些分，同学之间开始竞赛。一个学期累计下来，表现优秀的孩子积分达到五万多，让人很震惊。积分前 10 名的孩子，奖励他们期末考试后去一趟购书中心，每个人任意选择 2 本自己喜欢的书籍，由老师买来送给他们。

经过一段时间的实践，孩子们的读写能力有了明显提高，期末考试平均分超出其他班级 2~3 分。能力是练出来的，孩子们练的机会多，能力自然就在实践中提高了。家长看到孩子们的进步，尝到了甜头，自然就会积极参与，支持这项活动。老师、学生、家长共同参与，写日记不但不难，还很有趣。

（本文发表于 2013 年第 Z2 期《新作文》）

例谈学生日记家长评语的育人功能

关于日记的课题研究我们已经进行两年多了。从孩子的日记里，我看到了孩子成长的痕迹，不仅为孩子运用文字能力的提高感到高兴，更为孩子思想上的进步感到欣喜。孩子每天都有着满满的期待，期待老师给他的评语，甚至还拿着日记本来找老师说为什么给别人的评语字数多，自己的评语字数少，要怎么做老师才能多给我写几个字呢。

孩子已经把写日记当成了一种习惯，但是老师工作这么忙，批改日记自然就成了一个比较头疼的问题，全班四十多个孩子，且不说写评语要花多少时间，就是通读一遍，没有一个小时也完成不了。孩子自然不会满足于老师仅仅用"优良中差"来评价他，有些事情也不得不在日记中写上一些评语，如果人人都写上几句，恐怕还是比较困难的，因为日记评语不仅花时间，还费脑力。所以老师们都说日记这个作业好布置，也很有意义，就是太难改。你不改吧，学生对你有意见，学生家长也对你有意见，怎么办呢？想了很长时间，我就跟家长商量，看看能不能让家长给孩子们先写写评语。没想到这一招真好，不仅给自己帮了忙，还起到了很多意想不到的效果。

一、通过评语告诉孩子要说真话

孩子写日记，有时候就是为了完成写作的任务，比如堃堃同学写了一篇题为"母爱"的日记，其中有这样一段话：

那一次我发烧了，妈妈非常着急，背着我就往医院跑，路上把高跟鞋也跑掉了，可是她也顾不上捡回来，一口气把我背到了医院。

这是一个老掉牙的传统题材，我们小时候就是这么写的。我们来看看家长的评语：

堃堃，咱们家有车，如果你生病了，妈妈一定会开车送你去医院的。如果我们家的车坏了，妈妈会打出租车送你去医院。如果需要走路，妈妈不会穿高跟鞋。万一鞋跑丢了，我得先穿上，没有鞋我到不了医院，怕没到医院，妈妈的脚就已经烂掉了！你要记住，如果你真的病得很重的话，我们还可以打120。所以孩子，妈妈希望你日记要写真实的事情，如果写假的事情就失去了日记本身的意义了。

无独有偶，还有一个孩子写了一篇《一个让我感动的人》，他写的是小区的阿姨，看到他自行车的链条掉了，就帮助他装上去，文中有这么几句：

那位扫地的阿姨帮我搞好了单车的链条，我心里非常感动，问："阿姨，你为什么要帮助我？"那位阿姨毫不犹豫地说："我从小就有一个理想，长大了要帮助更多的人，要帮助全世界的人。"多么伟大的阿姨啊！

家长是这么评价的："一个小区扫地的阿姨，她怎么能帮助全世界的人呢！能帮助全小区的人都了不得了。一个人从小立下了这样的理想，她已经长大了，她帮不了全世界的人，那她怎么好意思说出来呢？到底这些话是不是阿姨说的？"很明显，这样的语言不符合人物的身份。

叶圣陶先生说过："千教万教，叫人求真，千学万学，学做真人。"我们的习作教学往往要求孩子写一些漂亮的词句，为了得到老师的认可，孩子不得不用虚假的材料来表达自己，说到底就是为了功利在写作。语文课程标准明确规定了小学中年段习作的要求："留心周围事物，乐于书面表达，增强习作的自信心。"设想孩子根本就没有对生活的观察，他怎么会乐于表达，有习作的信心呢？

真实是日记的基础，我在家长会上、班会上好好地表扬了这两位家长，发现类似的情况也及时提醒孩子，从此以后班级中日记的空话、假话、套话明显地减少了。

二、通过评语告诉孩子要宽容

下面这则日记，我将引用原文，用最原始的方式来呈现孩子的部分日记和家长的日记评语：

孩子日记节选：

正在上音乐课，音乐老师很仁慈，准许我们去上厕所，其实就是课间了。我想找个位置离屏幕近一点，便一眼看中了晓佳旁边刘宇豪的座位，我一屁股坐了过去。"可以换位吗？"同学们都表示疑惑。"老师给我们时间去上厕所，其实就是一个小小的课间嘛。"我说道。我面对着第一、二组说话，就看不到晓佳在干什么。突然，我感到手臂一阵刺痛，我立马转过身来，晓佳马上就把身子缩了回去。我意识到是她咬了我，我非常生气，甚至有一股想扇她一巴掌的冲动，但我忍住了。"很痛耶！"我很生气地对她吼道。"哦，对不起。"我看她说这句话的时候一点诚意都没有，还带着一丝笑意，我很生气，就打了她一拳。我怒气冲冲地回到了我的座位。晓佳，恕我冒昧，你今天是不是"旧病复发"了啊？今天回到家，我和妈妈探讨了这个问题，我觉得你是否是想和我开玩笑，但不知道如何选择恰当的方式？我对你无缘无故地咬我一口非常不满！（现在是七点钟，我发现手臂上被晓佳咬过的地方有齿痕）

作为老师，读了孩子的日记，你会如何处理这件事呢？按照我一贯的做法，肯定要把他们找来，弄清真相，扬善惩恶，好好收拾一下不讲道理的晓佳，在班里批评她，要求她写反思，好好帮这位同学出一口气。可是看了这位同学妈妈的日记评语，我觉得自己处理的水平实在太差了。

孩子妈妈评语如下：

你和晓佳可是好朋友哦。朋友间遇到问题，最好的解决办法是什么呢？

第一：大家都冷静下来之后，主动找晓佳聊一聊，问问她为什么要这么做？她是怎么想的？（最好是首先相互道歉，这样才有继续谈下去的友好氛围，毕竟你也还击了，打了她一拳）

第二：告诉晓佳你的感受是什么，你希望她怎样？让你的朋友明白你的底线是什么，当然你也要知道朋友的底线是什么，什么样的行为是对方不能接受的，在今后的相处中才能避免这样的问题，让友谊保持下去。

妈妈看到你为这件事情特别生气，中午情绪就很糟糕，现在又眼泪汪汪的。为什么你的情绪反应如此剧烈呢？因为越是关系亲密的人，相互之间的情感要求就越高！如果是一个陌生人突然咬了你一下，也许你不会这么委屈。记住妈妈的建议吧：和亲密的人之间出现问题，最好的方式就是大家心平气和地聊天，说出相互的感受，诚恳地相互道歉。

教育本来就不是件简单的事情，用伤害对付伤害，伤害就成了一个死结。孩子的妈妈非常有水平，在孩子与同学之间发生矛盾的时候，她用智慧的眼睛去发掘孩子错误中的宝贵之处，分析并检索孩子犯错误的原因，进行错误诊断，找寻到帮助孩子纠正错误的良方。在家长一颗宽容之心的引导下，孩子自然会在一次次错误中得到启示，不断增长见识，调整自己，学会跟周围的伙伴相处。孩子成长的过程中是很容易出错的，出错是正常的，不出错反而是不正常的；怎样顺势利导，教育应从宽容开始。

三、通过评语告诉孩子要负责

一天，我在班上念了王涛同学的日记——《扫地很开心》。念完日记后，顺便问了一句：谁愿意天天去扫地？就在这时，令人吃惊的一幕出现了，菁菁同学居然举起了手，我奇怪地问道："你想天天扫地？"她立刻嬉皮笑脸地回答说："是的，扫地比上学好玩。"我不客气地对她说道："那今天就由你去扫吧。"结果她把独自清扫包干区的事作为日记写了下来，文中有这样的描述：

今天，我尝试了独自扫大街的滋味。那滋味，就四个字，真不好受！今天我由于在课堂上举错了手导致了我悲惨的午读——我将独自清扫包干区！

你肯定会说："不就是扫个地嘛，至于这样哭天喊地的吗？"我可以胸有成竹地说："是的。"因为我们这个包干区在校外那条凹凸不平的小路上，那里可真是绿树成荫啊！如果那树不掉叶子的话，那倒是件好事。不过，天哪，那树是抹了一整瓶脱毛剂吗？我边扫，它边掉，真是没完没了。午读的时候，我扛着扫把和垃圾铲就来到了包干区那里，刚刚还觉得有点好玩的扫地突然就让我的头疼了。我马不停蹄地开始扫地。一格，两格，三格，再倒回来扫一遍，再扫一遍，怎么都扫不干净。加上今天风多，刚扫进旁边绿化带里面的落叶再次被冷酷无情的绿化带赶了出来。唉，我没扫几分钟就腰酸背疼了。

扫了十多分钟，还没有扫到第四格。要知道一共有十多个格子呀，全部扫完我就上不了课了。

我下次在做什么动作之前一定要过三遍脑子再从大脑发出指令，要不然我又会倒霉的。

家长评语：

菁菁，今天发生的事情，对你来讲不是偶然的，这是不够成熟（五年级孩子应具备的）的必然表现。你在一天天长大，应对问题的方式方法也要不断改变、提高，不能总是认为以前是这样的、以前是这样的。不经思考的行为是要付出代价的，你一贯都是这样莽莽撞撞，总是不把老师的话听完、听清楚就开始决定你要做什么。今天，你就为这种行为付出了惨痛的代价。做任何事都要三思三思再三思，做决定之前要好好考虑。什么事情都要先想想后果再做出决定，要对自己的行为负责。另外，希望通过今天这件事情，能改变你面对事情时的反应，不要把"好玩"放在第一位，而应把"应不应该做"放在第一时间考虑。妈妈希望你能从这两方面来吸取教训，使自己做到一天比一天好！加油！

责任心是一个人日后能够立足于社会、获得事业成功与家庭幸福至关重要的人格品质。只有具备一定的责任感，人才能自觉、勤奋地学习和工作，做各种有益的事情。必须从小培养孩子的责任感，以便长大后能尽快适应社会，完成本职工作，尽到自己的义务，从而成为优秀人才。

四、通过评语告诉孩子要明辨是非

学校不允许同学无故带钱回校，有天张同学带钱回校，并且被谷同学发现，因不想受罚，张同学谎称这是买胸卡的钱，可是后来买零食被谷同学发现。张同学为了收买谷同学，就送了一包零食给谷同学，并要求不能将今天的事透露出去。谷同学假装答应，然后将零食作为证据，交给了老师。张同学下午被老师批评并按照班级规定写了400字以上的反思。张同学在日记里详细地叙述了事情的经过，最后说"谷同学不讲信用，竟然背叛我，实在不可信"。

这样的诚信到底该不该守呢？我们在班里展开了讨论，有的孩子说你答应了不告就不能告，如果你告，别人就知道你不守信用。有的同学说这个信用是不该守的，因为如果保守了这个秘密，就等于包庇同学干坏事。还有的同学说这件事中两位同学都有错的地方。

有一位家长是这样评价这件事情的：

要是让我来评论这件事，我会认为大家讲得都很有道理。通过这件事，孩子明白每个人至少要有对正确或错误的判断能力。就讲此事，要是谷同学接受了张同学的请求，岂不是与张同学同流合污了吗？在这件事中，关键的并不是诚信，而是事物对错本身。要是张同学是正正当当地和谷同学谈诚信，而不是通过收买谷同学来达到目的的话，我肯定会支持张同学。但是，在这件事当中，张同学是想通过收买谷同学来避免被老师批评，这样的行为是不正当的。通过正当的行为与他人达成约定，并且是双方都同意的情况下，才能叫作合理的誓约。诚信是由双方的信任而搭建起来的一种约定，绝不是让人同流合污的条件。这一次所谓的约定显然不能算是诺言，而是张同学耍的花招。所以我认为，谷同学是有足够的理由将张同学的不良情况报告给肖老师的。此外，我认为张同学根本不应该去指责谷同学，而是应该好好反思他所做的事情。建议谷同学在当时拒绝张同学的东西，不要造成张同学认为谷同学已经答应他的要求的错觉，这样处理更好一些。

站在不同角度，看待事情的观点也不一样，语文课程标准明确提出要尊重学生的独特体验，但是也要注意课程内容的价值体现，要体现社会主义核心价值体系的引领作用，树立社会主义的荣辱观，所以培养学生明辨是非的能力非常重要。

五、通过评语告诉孩子要有团队精神

有一次，参加了学校电脑小组的同学接到电脑老师上交作业的通知，孩子很有压力，甚至不想干了。看看思源同学在日记中的描述：

中午放学，菁菁对我说："沈思源，告诉你一个悲伤的消息。我们的队报要在一周以内做完，而现在小雅她们还在收集资料，现在只剩下一周不到的时间了！"还没听完这句话，我就感觉自己马上就要口吐白沫，晕倒在楼梯间了。菁菁继续说："你别看我，我也很悲剧，反正老规矩，你一版我一版。"唉，我真的感觉到了"火烧眉毛"这个词的含义了。之前我们做小报可是用了三个多月的时间才做出来，现在要我们用一周的时间赶出来，我突然感觉到一阵无力感。我甚至联想到星期天晚上我加夜班赶小报累倒在书桌上，第二天醒来发现自己小报还没做完，但是要上学了，接着是一种再不赶完老天爷就要扔颗原子弹下来的感觉。唉，我怎么这么悲剧呢？菁菁咬着牙说道："小雅她这么久还不把资料给我们，肯定是要陷害我们，实在是太可恶了！"我在旁边耷拉着头说道："不管是不是陷害，总之快点把资料给我们就可以了，我就要烧香拜老祖宗了。"菁菁也耷拉着头，无精打采地说："我感觉这次我们赶不完小报了……"我重重地点了点头，说道："这是肯定的。我已经做好被'枪毙''砍头''凌迟'的准备了。"

菁菁也继续耷拉着头，和我一起无精打采地回了家。

家长评语：

很多工作都是团队才能完成的，团队当中每一个人都是非常重要的，所以说，每个任务都需要多个环节来完成，一旦哪个环节出了问题，整个任务完成就会非常被动。孩子们，你们在学校已经体会到这些，这是非常难能可贵的经历。你们必须意识到，每项工作要完成得漂亮，必须做好事前规划，包括子任务的分解、子任务的完成时间、每个子任务的负责人、过程的监督方法，这都是非常重要的，团队中每个人必须严格按规划做好自己的工作。期待下次不要再无精打采了，相信你们会越做越好的。

不管什么时候，一个人的力量都是渺小的，只有融入团队，与团队一起奋斗，你才能实现个人价值的最大化，你才能成就自己的卓越！生活中孩子们遇到困惑，家长及时给予指导，告诉孩子学会与他人合作，如何合作，如何在共同协作中取得最好的成绩，这无疑对孩子的成长有着重大的意义。

家长日记评语的功能远不止这些，这些评语拉近了孩子和家长之间的距离，起到了很好的促进亲子关系的作用。通过这样的交流，孩子不仅能够更好地成长，也让家长参与到班级管理，把日记和评语放进班级群的共享平台，大家就能够互相交流，互相促进，为营造优秀的班集体提供了正能量，在减轻教师负担的同时还帮助老师提高了教育水平，达到学生、教师和家长共同成长、共同进步的目的。什么事都贵在坚持，因为坚持有效地帮助学生提高写作水平。能力是练出来的，现在一个孩子的日记一天400字，一个学期就至少6万字，有的孩子表达能力强，一个学期就写了20多万字，不求功利，只为表达，记录成长中的点点滴滴，日积月累，孩子有成就感，老师也有成就感。让家长参与写日记评语，真的是一举多得！

（本文发表于2015年第6期《班主任之友》小学版）

小学生班级自主管理的有效策略

星期三下午课间活动时间，有位同学在走廊不慎摔伤，膝盖磕开了一条一寸多长的大口子，顿时血流如注。可他没有到仅有五米之遥的校医室进行伤口处理，而是捂着伤口哭着跑到三楼办公室去找班主任。老师带他到医院去缝合伤口，鲜血一滴一滴落在往返的路上……作为一名老师，面对此景此情，你有何感想？好学、乖巧的学生往往深得老师喜爱，但也正是这样的孩子，他们往往存在强烈的依赖性，缺乏主见和独立意识。

仔细想想，在班级管理中，学生的"吃喝拉撒"班主任都得管，这种一手"包办"的管理方式很长时间都存在着，尤其是小学。这样的环境出来的孩子一般没有主见，依赖心强，遇到事情除了找老师就不知道怎么办了。显而易见，这样培养出来的人很难适应现代社会发展和生活的要求。

著名教育家陶行知先生说："最好的教育是教学生自己做自己的先生。"由此可见，培养学生的自主能力是多么重要。作为一个班主任，应该如何在班级管理中培养学生的自主能力呢？我采取的措施是：

一、学生自主制定、设立班级管理目标

设立目标是任何管理活动的起始环节。通过设立合理的目标，带领学生实现目标，让学生在实现目标的过程中，竞争进取，不断前进。

接到新的班级，我会和全班同学商量设立班级奋斗的总目标：创设良好环境，形成健康向上的班级风貌。要实现这个总目标需要全体同学的努力，这就需要每个同学确定自己的个人目标。

个人目标如何确立呢？通常我会根据学校工作的安排把活动细化。如：比赛类的活动，学校一学期一般安排四次墙报比赛，四次"洁、净、美"班级环境比赛，四次主题班队会比赛，国旗下讲话评比，运动会出场仪式比赛，广播操比赛，书法比赛，艺术节上摄影美术比赛等等。按照学校活动安排，我召集全班同学来商量，确定每次活动的负责人，根据实力确定我们在活动中能够取得的名次，要取得这些成绩需要做好哪些准备，需要向哪些人寻求帮助等。与学生一起设定目标，让学生参与到目标的完成工程中，培养学生的集体意识，形成团结、和谐、向上、健康的班集体。开学就定下的目标，学生开学初就开始着手准备，在各个阶段去落实完成。

目标的设立要合理、可行，学生通过努力能实现。如在常规管理活动中，我按照周次来设立目标：一周不迟到、一周按照学校要求着装和佩戴校卡、队员标志，一周按照要求完成各科老师的作业（确实不会做，或者有特殊情况不能完成需要有家长的反馈信息），一周坚持做好一次值日生，一周坚持做到出操集队40秒之内安静整齐，一周坚持做好眼保健操。每个同学都有一张常规评比的表格，坚持做好记录。做到的、没做到的都要登记。这样一来学生就可以通过记录掌握自己的表现，根据表现再给自己设立一次比一次有进步的新目标。有时"一周一目标"做起来比较难，有困难的孩子可以让他"一天一目标"，一天一反馈。这样做起来难度降低了，孩子就能够感受到做好这些小事并不难，而每一个小目标的实现都使他们产生自信心，让他们品尝到成功的喜悦，产生成就感。这样就激发他们朝更高的目标奋进，每个学生都有了自主管理的参与意识。坚持做好这些小事是需要毅力的，坚持下来不容易，但是坚持下来了就会感到自己的成长和进步，感受到用自己的行为为这个班集体的建设做出的努力，体会到自己是一个有用的人，在形成习惯的同时，也进行了自我教育。

另外，我还在班级里要求孩子们给自己确定一个追赶目标，比如每一次测验后，看看自己的成绩，再看看自己前面排名的那位同学，你们之间的差距是多少，下次能不能赶上他。小学阶段虽然反对公布成绩和排名，我也反对把分数当作衡量学生水平的唯一标准，但是在当下这种依然以分数来选拔人才的制度下，我觉得不重视分数或者帮助孩子回避分数的观点也是不可取的。所以我会告诉孩子排他前面和后面同学的成绩，让他明白自己的目标有谁，他们之间的差距有多大。在差距不大的情况下，孩子目标明确，就会有追赶的动力。有句话说得好："比赛就是动力。"大家都有过这样的体验：有人追自己，自己跑得会快一点；自己被人追，自然也会跑得快一点。用尽全部的努力不就是做了最好的自己吗？如果每个人，每件小事都尽力去做，班集体就能形成健康向上的班级风貌。

在制定班级管理目标时，一定要让每个孩子感受到自己是重要的，是有用的。所以在制定目标的时候，班主任只能指导而绝不能包办代替，要由学生自主制定，这样就会符合他们的实际水平和需要。内容要具体化，有可操作性。同时制定的班级教育管理目标要体现激励性。

二、创设班级自主管理的"岗位"

著名教育家魏书生曾这样说过："班级像一个大家庭。"班集体作为学生成长过程中的一个重要组成部分，她是学生成长的摇篮。因此，要建设好一个班级，就要培养好一个班级的集体荣誉感。班主任要激发学生对集体事情的关注和热情，"兴趣是最好的老师"，要营造自主管理的班级，就要激发学生参与班级管理的兴趣，让班级人人有事干，事事有人管。

每个学生都渴望成功，都愿意自己在班内发挥作用，得到价值认同。所以班主任要尽量在班级设置明确的岗位让更多的学生在集体中担任责任、服务集体，从管理者的角度锻炼能力。除了班干部应属职责之外，我还设立了黑板清理师、讲桌清洁员、早读考勤员、路队纪律监督员、图书管理员、课间走廊红领巾督查员、两操督查员、课桌椅摆放督查员，甚至每一科的课程都有相应的纪律督查员等岗位。尽可能让每一个孩子都有展示才气、获得成功的机会，让学生在发挥自身作用中，看到自身的价值，在班级中有自己的位置，从而刺激引发其参与班级活动的积极性和主动性。

本着扬长避短、增强自信心、发掘同学的潜能的原则具体安排岗位。如杜洋洋同学工作能力强，有很好的表达能力，又能够在各种竞赛中取得优秀的成绩，我就专门开设了一个岗位叫作班主任助理，由她负责对班级干部的培训，负责召开班干部会议，及时指导各个部门做好工作，尽量让学生的问题由学生自己来解决。张欣欣、周悦同学画画水平很高，又有很强的组织能力，我就让她们负责每学期的墙报。她们不仅仅要把每次出墙报的同学按照好中差水平编组，还要给予指导，包括主题内容、编排设计、色调的选用，墙报出好后还要进行评价。学生轮流出墙报，有了他们的指导，我是既省心又开心，因为孩子们一次比一次有进步，几年下来，好多同学都赶上老师的水平了！谷心研同学爱打闹，直接就让他担任课间值日生，负责课间走廊的纪律登记。冯雅琪早读不够认真，总是坐在教室里东张西望，老师在教室里，她表现不错，老师一走，就跟班干部对着干，于是干脆让她也来做早读班长。冯雅琪当上早读班长后，立刻就有了展示的平台，通过锻炼，她在 2014 年被旅游频道选中担任春晚的小主持人！

我还让学生主动挖掘班级岗位，看看有没有自己可以负责的工作。我不知道安排给曾伟嘉什么岗位，觉得找不到他可干的事，让他自己找，他告诉我说要负责垃圾桶。我说垃圾桶有什么好负责的，他说他要保证课间垃圾桶里没有垃圾。我说那不是每节课课间都得去倒垃圾吗？他说不用。他一上任就宣布为保证班级良好环境，每人自己带个垃圾袋，课间不能乱扔垃圾，放学才可以打包分类放在垃圾桶。后来学校搞环保垃圾分类，我们班早就形成习惯了。多好啊！

考虑到学生需要，有部分岗位还采用了交替制和合作制。交替制即两个或几个学生轮流担任某一角色；合作制即两个或几个学生合作担任一个角色。这种方式，分工细致具体，颇受学生欢迎。不仅每一位学生都得到锻炼和学习的机会，而且使那些管理能力较差的学生也能参与活动，在集体活动中提高他们的能力，促进全班学生管理能力的平衡发展。

三、建立班级自主管理的竞争监督机制

"把班级还给学生，让每个学生都参与班级的管理活动。"但是学生并不是天生的管理者，学生的管理能力是需要在实践活动中锻炼出来的，这个过程离不开老师的指导和帮助。

第一，竞选班干部。过去，一般情况下，班干部是由老师指定或由学生提名，然后投票产生。为了让每个学生都能展示自己的才华，我在班上实行"班干部竞选制"，只要自己认为适合哪个职位或想担任哪个职务，都可以参加竞选，每人写一份演讲稿进行演讲，让其他同学根据演讲和平时工作能力对竞选者进行投票。通过参与竞选，学生有了自我表现的机会。

第二，分工要明确。在班干部队伍的建设过程中，班主任所起的作用是扶持和帮助，指导班委会明确各个岗位的具体职责。参照魏书生老师的部分做法，联系班级实际情况，我帮助班委会确定了基本分工。如班长负责班内全面工作，组织班内、学校的各种活动；副班长协助班长和其他班干部的各项工作；体育委员负责课间操的考勤、组织、检查，保证课间操、眼保健操的质量，组织各种体育活动；卫生委员负责卫生值日的安排及大型卫生活动的组织、检查。纪律委员负责考勤及课间、自习、活动等纪律的检查，保证好的自习纪律；宣传委员负责组织板报组出好黑板报，配合墙报小组的同学及时反馈评优结果，写好班会的标题等；科代表及时收发作业，配合任课教师的工作，并把学习情况、作业情况等及时通报给任课教师和值周组的记录组长进行登记张榜等等。这一点很重要，每一个岗位的学生通过岗位职责就清楚地明白自己该管什么，怎么管。

第三，增设值日班长。除了班长，还设立一名值日班长，值日班长是按座位每人轮流当一天，这一天的职责是和班长一起组织学生参加当天各种集体活动，督促检查班级的各种日常工作。这种形式为每个学生提供了参与班级自我管理的机会和条件，锻炼了每位学生的能力，使更多的学生在班级管理活动中得到发展。

第四，建立监督机制。班干部竞选产生，值日班长轮流当，谁来制约他们呢？他们毕竟是小学生，不可能时时刻刻都管好自己。鉴于此，我在班上设立了监督岗，如果学生对班干部的工作有意见，可以进行投诉，由监督岗的成员进行调查处理。学生中间发生的事情尽量让他们自己去解决。这既锻炼了能力，又使他们学会了工作的方法，在行使班级管理权力的同时，更感到一种责任、一种制约。

第五，在班上建立竞争机制。在班级里可以进行"先进小组"的竞争，在小组里可以进行"先进个人"的竞争，通过评选，可以为表现最优秀的小组及个人照一张相，并打印出来，贴在展示栏。没有竞争就没有发展，没有发展就没有创新。通过竞争使每个学生把自我管理看作是自己的责任，学生在竞争中既培养竞争意识，又提高竞争能力，养成自强自立、自信向上、坚忍顽强的品格。班级也会充满活力，充满朝气。

苏联教育家苏霍姆林斯基说："真正的教育是自我教育。"魏书生也说过："管是为了不管。"刚开始时，班主任要事无巨细手把手地教，讲清方法，讲清要求，有时甚至要亲力亲为。基本要求、基本方法都得要领之后，就要引导学生自己开动脑筋想办法管理好自己，管理好班级。在他们有困难时，班主任要暗暗地帮他们，为他们创造条件和机会。最重要的一点是，要敢于放手，把班主任的"权力"下放，让负责相关工作的学生大胆工作。只有让学生成为自我管理的主人，才会出现你追我赶、加强自我教育，共同管理班级的良好局面。

（本文发表于 2014 年第 9 期《生活教育》）

有效提高低年级学生的写字能力策略探究

写字是一项重要的语文基本功，规范、端正、整洁地书写汉字是学生终身学习能力的基础。特别是对于低年级学生，这是一项不容忽视的基础工程。崔峦先生在解读新的课程标准的时候，再三强调识字写字是阅读和习作的基础，是第一学段的教学重点，也是贯穿整个义务教育阶段的重要教学内容。如何更加有效地提高低年级学生的书写能力呢？笔者认为，家校合作是有效提高低年级学生书写能力非常重要的途径之一。

一、指导家长为孩子选择合适的书写用品

稍微用点心，老师就可以发现，低年级的学生在课堂使用的书写用品各种各样，在这些形形色色的书写用品中，书写质量也是参差不齐。

俗话说得好："工欲善其事，必先利其器。"首先要指导家长为孩子选择正确的书写工具：所有的文具都不要过于花哨，装笔用的笔盒、笔袋简单实用就好，千万不要任凭孩子自己选择过于卡通、按钮多、功能过多的用品，避免孩子把文具当成玩具，转移注意力，也避免因为文具过于特殊引发孩子之间发生一些纠纷。

铅笔，最好使用HB的，主要考虑到软硬程度。太软，写出来太黑、太脏，不容易擦干净；太硬，笔迹太淡，孩子的手容易变形。

削笔刀也很重要。能把笔尖削得像针尖一样的，才是最好的。有些劣质的削笔刀，笔一削就断；用小刀削铅笔，笔头不匀称。最好给孩子买手摇式的削笔刀，方便、安全、质量好，使用的时间长。

一支尖尖的笔，就可以练就一双巧巧的手，要教会孩子不把尖尖的笔头压断。这是学生书写最基础、最重要的能力。

二、指导家长关注孩子的书写姿势

低年级孩子的家长对孩子学习的关注度还是比较高的，但是家长的关注度更多的是指向于孩子掌握知识的程度，而对书写姿势的关注是极少的。

正确的写字姿势不仅能保证书写自如，减轻疲劳，提高书写水平，而且还能促进孩子身体的正常发育，预防斜视、近视、脊椎弯曲等多种疾病的发生。

引导家长关注孩子的写字姿势可以从两个方面做起：一是坐姿，二是握笔姿势。

1. **坐姿要端正**

首先，家长要给孩子选择一套高度合适的桌椅。

正确的桌椅高度应该能使人在坐时保持两个基本垂直：一是当两脚平放在地面时，大腿与小腿能够基本垂直。这时桌子抽屉前沿不能对大腿平面形成压迫。二是当两臂自然下垂时，上臂与小臂基本垂直，这时桌面高度应该刚好与小臂下平面接触。这样就可以使人保持正确的坐姿和书写姿势。

如果桌椅高度搭配不合理，会直接影响人的坐姿，不利于使用者的健康。国家曾发布过关于《学校课桌椅功能尺寸》的标准（表1），明确了10个高低不同型号的中小学课桌椅。

表1 《学校课桌椅功能尺寸》标准

标准身高（cm）	适用身高范围（cm）	桌面高（cm）	座面高（cm）	课桌椅型号
180.0	≥173.5	76	44	1 号
172.5	165～179	73	42	2 号
165.0	158～172	70	40	3 号
157.5	150～164	67	38	4 号
150.0	143～157	64	36	5 号
142.5	135～149	61	34	6 号
135.5	120～142	58	32	7 号
127.5	120～134	55	30	8 号
120.0	113～127	52	29	9 号
112.5	119 及以下	49	27	10 号

有了这样的标准，家长们就能够合理地为孩子们准备做作业的桌椅。

其次，家长要关注孩子正确的写字姿势。什么样的姿态，就写出什么样的汉字。身体是歪斜的、作业本是歪斜的，书写出来的字自然也是歪斜的。让孩子做到"身正""肩平"，非常重要。歪着身子写字，或者趴着书写，都容易把汉字写"斜"。

正确的书写姿势是：上身坐正，两肩齐平；头正，稍向前倾；背直，胸挺起，胸口离桌沿一拳左右；两脚平放在地上与肩同宽；左右两臂平放在桌面上，左手按纸，右手执笔；眼睛与纸面的距离应保持在一尺左右。简单说就八个字：头正、身直、足安、肩平。

2. **掌握正确的执笔方法**

执笔方法关系到笔的控制能力，直接影响书写的效果。学生当中最容易出现的问题有以下几种：笔尖太低、四指分家、靠点不对、拇指包笔、关节突出、毛笔姿势、勾腕执笔、包笔锄地等，还有倒钩手腕。倒钩手腕后，笔尖会朝着左边，或者左下角。书写纵向笔画，书写过程演变为：以"手腕"为"中心点"，向左下画"弧线"。书写出来的纵向笔画，特别是竖画，容易倾斜。纵向笔画不正，汉字就歪了。

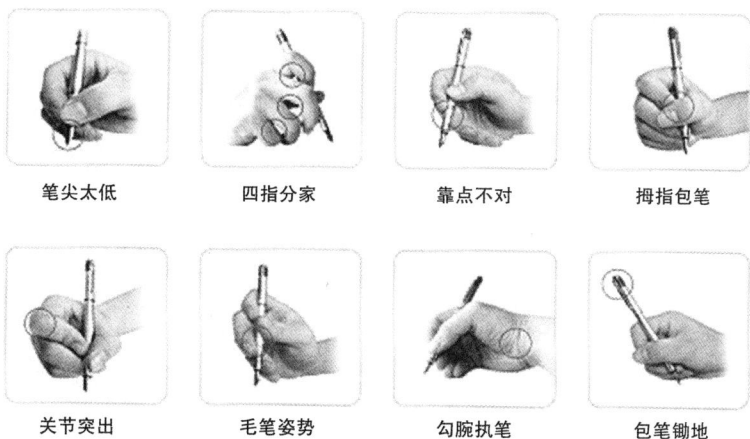

笔尖太低	四指分家	靠点不对	拇指包笔
关节突出	毛笔姿势	勾腕执笔	包笔锄地

常见错误执笔八例

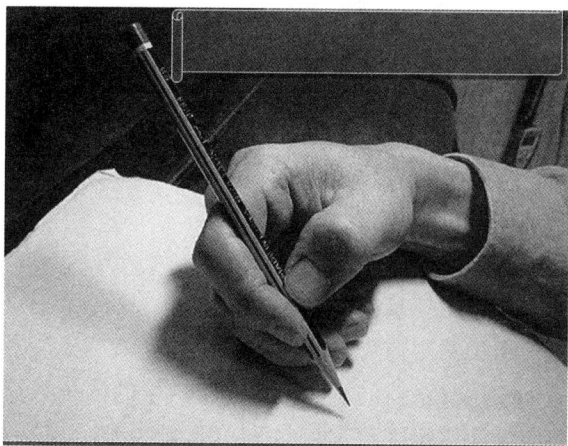

笔杆向前倒 + 手腕倒钩型

正确的执笔方法，应采用三指执笔法。具体要求是：右手执笔，大拇指、食指、中指分别从三个方向捏住离笔尖 3 厘米左右的笔杆下端。食指稍前，大拇指稍后，中指在内侧抵住笔杆，无名指和小指依次自然地放在中指的下方并向手心弯曲。笔杆上端斜靠在食指的最高骨处，笔杆和纸面夹角呈 50° 左右。执笔要做到"指实掌虚"，即手指握笔要实，掌心要空，这样才能灵活运笔。

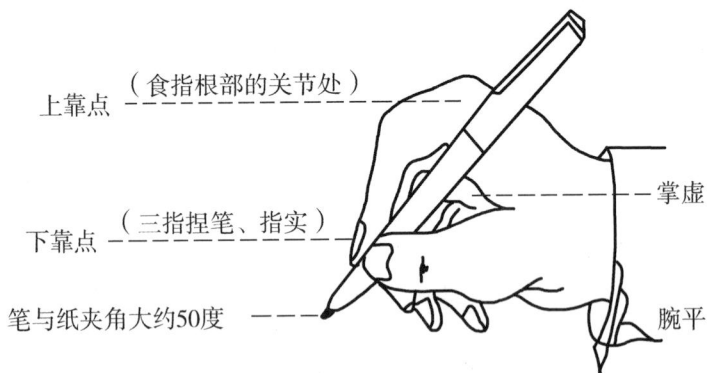

上靠点 ——（食指根部的关节处）

掌虚

下靠点 ——（三指捏笔、指实）

笔与纸夹角大约50度 ————

腕平

正确握笔姿势

家长要帮助孩子养成使用正确的执笔方法的习惯，孩子一旦形成坏习惯，纠正起来就非常困难了。

三、指导家长关注孩子的书写速度

低年级学生书写速度先慢后快，但是这个慢也是有限度的。书写速度太慢的原因有以下几个：

（1）书写不连贯。有的孩子在写的过程中断断续续，不连贯，不流畅。写完一个笔画，停1秒；写完一个字，停2秒；写完一行，发会儿呆。时间都被分割成许多碎片，一点点浪费掉了。其实，书写是个连贯的过程，写完一个笔画，马上写下一个笔画，写完一个字，马上写下一个字，写完一行，马上写下一行，中间没有休息和停顿的时间。这样，就能把大量的时间，花在笔画的运行过程之中，写得又快又好。

（2）喜欢使用橡皮擦。有的孩子慢的原因是特别喜欢用橡皮擦，一个字没有写完，觉得不满意，就用橡皮擦使劲擦，结果本子快擦烂了，字还没有写完。最好的方法是让孩子不要使用橡皮擦，一个字没写好，在旁边再写一个，在自己写得好的字上打上小红钩。这样的练习可以减少孩子的依赖心，不给自己的错误留后路，也为中高年级使用钢笔奠定基础。

（3）用力太大。手指头攥得太紧，恨不得把吃奶的力气都使出来。这样做，会把铅笔压断，手指头容易弯曲变形，书写糟糕，写错了还不容易修改。写完之后纸的第二页第三页都有痕迹，不仅影响速度，也影响后面的书写。要告诉孩子，书写是一项放松的运动，轻轻握笔才能灵巧地书写。

（4）三心二意也是孩子书写速度过慢的原因。这种毛病孩子在家里比较常见，写着写着总是会干一些与书写无关的事情，比如玩玩文具盒，敲敲桌子，甚至在旁边画画小人儿、小狗、小花、小草什么的，弄张纸叠叠这个、折折那个，一会儿说说话，一会儿喝点水，一会儿上个厕所，弄点儿什么东西吃，甚至看会儿电视。不知不觉，时间就过去了，字却没有写几个。建议家长在孩子书写前，把书桌收拾干净，喝点水，上完洗手间，把学习用品准备齐全，与学习无关的东西清理干净，让孩子一口气写完。写完之后再按照自己的列表，把所需要的时间写上，天长日久，孩子就养成了踏实写字、专心致志的习惯。

我们提倡孩子写字要又好又快，如果没有打好基础，那么速度快就成了无用功。低年级学生书写速度太快最重要的原因是孩子心浮气躁，没有静下心来，这样书写质量肯定会出问题，比如写得太快，笔画不到位，错别字比较多。像这样一定要要求他重写，一次不行两次，两次不行三次，直到他能够认真准确地书写为止。

四、引导家长关注孩子书写质量

很多家长都不是书法老师，自然不能够像专业老师那样来指导孩子写字，那么怎样引导家长关注孩子的书写质量呢？

1. 建立学生自评、同桌互评、老师点评、家长再评的长效评价体制

低年级学生的写字指导通常是在课堂里完成，老师在教写汉字时会指导学生仔细观察，准确地认知字形；注意字形特点及形近字的细微区别，当学生记清字形后，要引导学生仔细观察田字格里的范字。哪些笔画长，哪些笔画短；还要看清字的布局、间架结构。引导学生静下心来，进行仿写。一旦下笔，就要求学生力争一次就把字写正确，写端正，写整洁。写完后的评字是整个写字教学中至关重要的一步，是写字指导的延续和提高。自评这一环节，最好是学生写好一个字后，随时和范字对照，找出不足之处，以便在写下一个字前加以改进。评议时，教师要给学生提供评价的标准及评价原则。如书写是否正确，结构是否合理，主要的笔画是否突出，运笔是否到位，字面是否整洁等。教师的点评要恰当准确，要善于捕捉孩子的闪光点；对孩子写得不足的地方，可以委婉地指出，帮助其改进。而家长的评价不仅仅可以让他们了解到孩子每天的书写情况，有效地促进亲子关系，同时也是一个自己学习和提高的过程。通常我会要求学生家长填写这样一张表格（表2）：

表2　×××同学写字练习评价表　第1周

日期	坐姿	握笔	内容	所需时间	自评	同学评	老师评	家长评
2.29	A	A	和千秀	10分钟	A	A	A	A
3.1	A	A	语李香	10分钟	A	A	A	A
3.2	A	A	说话朋	10分钟	A	A	A	A
3.3	A	A	友春高	10分钟	A	A	A	A
3.3	A	A	你们红绿	10分钟	A	A	A	A
3.5	A	A	花草	10分钟	A	A	A	A

2. 建立家庭文化墙

如果说写字练习评价表是比较抽象的，体现不出学生书写的情况，我们通常还会建议家长在家里开辟一块文化墙，把孩子写的作业、画的图画、收到的表扬信分类贴在墙上，最好使用泡沫墙，方便随时替换孩子的作品。孩子每次回来都可以看到自己的作品，对于孩子来说，他是非常有成就感的。有些孩子为了让自己墙上的作品更加优秀，不需要人督促，自己就愿意一遍又一遍地练习，写到自己满意为止。得到家里人的欣赏，得到客人的好评，孩子别提有多开心了。

3. 利用班级群切磋与交流

家用电脑的普及、互联网的使用给我们这个时代的教育提供了更多的便利，现在班级家长 QQ 群、家长微信群甚至是家长博客都是可以帮助我们实现更好沟通的交流平台。我们通常使用的是班级 QQ 群，基本上每个班级成立之后都会建一个班级 QQ 群，老师可以定期举办书法比赛，把优秀学生的作品放在群相册里，也可以把典型学生不断进步的作品放在群相册里，甚至把学生的作业作品上传到学生的相册，让大家在比较中取长补短。

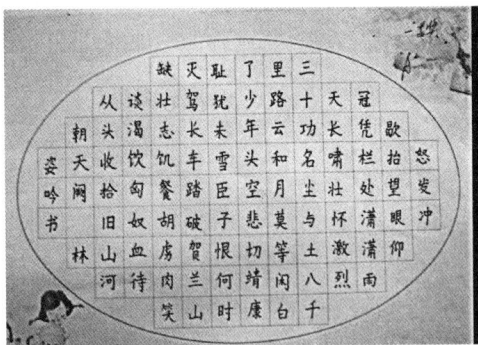

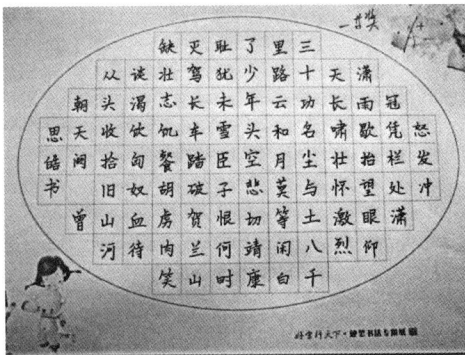

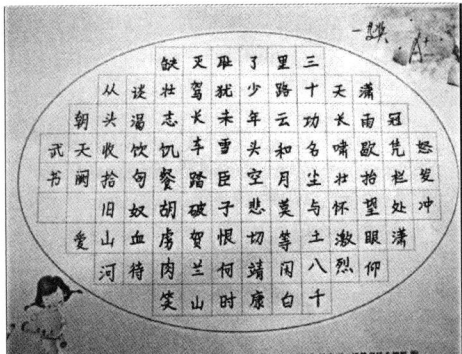

优秀学生作品

在群里，家长们还可以互相交流，互相取经。比如有的家长在群里提出：如果不参加培训班，家长如何在家里训练孩子书写？怎样纠正孩子错误书写姿势？使用左手书写，要不要纠正回来？这些问题不仅仅可以在网上查询答案，也有很多家长根据自己的育儿经验给出了许多解决方法。有位同学的妈妈在写字教学方面很有经验，是广州市的优秀书法指导教师。我们请她来教孩子们写笔画，还请她来给家长们讲如何在家里帮助孩子养成良好的书写习惯，大家都受益匪浅。大家共同前进，增进了友谊，提供了正能量，最重要的是有效地促进了学生书写能力的提高。

全国著名特级教师任小艾老师曾经说过这样一句话："没有家庭教育参与的教育就像一条腿走路。"一条腿走路自然是走不快的，我们的教育离不开家庭教育，在低年级的习字教学中充分发挥家长的作用，将有效地提高低年级学生的书写能力。

（本文发表于 2018 年第 3 期《教学管理与教育研究》）

参考文献

［1］屈太侠. 走向有效的写字教学. 福州：福建教育出版社，2015.
［2］学校课桌椅功能尺寸（GB/T 3976 – 2002）.

"故事妈妈牵手娃娃"走进"悦读"世界

——一年级"和大人一起读"教学实践与思考

小学语文统编教材一年级新增了一个栏目叫作"和大人一起读"。温儒敏先生在《如何用好"统编本"小学语文教材》中说道："'和大人一起读'是新教材的亮点之一。这个栏目的用意是激发读书的兴趣，让孩子刚上学，就喜欢语文，喜欢读书。"对于一线老师来说，这也是一个全新的领域。有些老师对这个栏目开设的目的和意义认识得不够深刻，往往简单地把这个栏目当成作业布置下去就完事，孩子们能不能够完成，完成的情况怎样，不得而知，使得这个栏目的设置流于形式。

为了更好地落实"和大人一起读"的教学目标，我们开展了"故事妈妈牵手娃娃"的活动。围绕"谁来当'故事妈妈'""怎样和'故事妈妈'一起读""和'故事妈妈'一起读什么"这些问题思考、实践，帮助一年级的学生降低阅读的难度，解决阅读的困难，让他们感受到读书的乐趣。采用多元化的阅读方法，指导孩子阅读和交流；通过一篇带多篇、孩子和大人共读的方式，把阅读由课内引向课外，提升孩子的阅读总量，引领孩子走进"悦读"世界，有效地提高孩子的语文素养。

一、谁来当"故事妈妈"

"故事妈妈"的含义和"大人"是一样的，指能够帮助学生解决阅读困难，陪伴孩子一起读书的大人：可以是学校任教的老师，可以是孩子的爸爸妈妈，可以是孩子的祖父祖母，可以是高年级的大哥哥大姐姐，还可以是阅读能力比自己强的学习伙伴……

开学初，教师就要制订好"故事妈妈"进班级的活动方案，从时间、地点、主讲人、内容，按照计划有条不紊地落实。活动方案分为校内和校外，校内方案可以同年级老师分工。例如我校一年级一共四位语文老师，一年级上册教材共有八个单元，每位老师负责两个单元"和大人一起读"的准备和教学，轮流到各个班进行教学。老师可以根据自己的教学情况在后面一个班的教学时调整自己的教学策略，提高教学技能。而校外的"故事妈妈"进班级则每周安排一次，例如一（1）班校外"故事妈妈"进班级方案（表1）：

表1 一（1）班校外"故事妈妈"进班级方案

序号	日期	姓名	故事名称	故事出处
1	2019.10.09	邵晟隽	《你真好》	宫西达也恐龙系列绘本
2	2019.10.16	王圣榕	《哈利·波特与阿兹卡班囚徒》节选	J. K. 罗琳长篇小说
3	2019.10.23	李黛逸	《死了100万次的猫》	佐野洋子绘本
4	2019.10.30	马琰淇	《小黑鱼》	绘本大师李奥尼的代表作
5	2019.11.06	周卓羿	《找朋友的秘方》	歪歪兔社会交往系列图画书
6	2019.11.13	钟佳恩	《稻草人》	广东创建"书香校园"推荐书目
7	2019.11.20	翟浩魁	《生命之树》	红柠檬国际大奖绘本第一季
8	2019.11.27	肖竣舒	《顽皮老鼠的故事》	彼得兔和他的朋友们系列绘本
9	2019.12.04	黄浩然	讲故事带小实验《永远满不了》	科学小实验
10	2019.12.11	龚晨翔	《胡椒南瓜汤》	海伦·库柏绘本
11	2019.12.18	李非凡	《牙齿大街的新鲜事》	德国精选科学图画书
12	2019.12.25	杨景雯	《玛德琳》	启发精选美国凯迪克大奖绘本

有计划，有目标，有行动，有反馈，就能推进"和大人一起读"有效进行。

二、怎样和"故事妈妈"一起读

有了陪伴的对象，怎样让"一起读"更加有效，我们分阶段进行了尝试。首先是以大人读为主的一起读，逐渐过渡到以孩子读为主的一起读，最后是课内课外相结合的一起读。

（一）以大人为主的一起读

1. 大人读，孩子听——倾听的训练

一年级刚入学的孩子识字量少，大多数孩子没有独立阅读能力，所以，"故事妈妈"和孩子一起读的时候主要采用的方法是"大人读，孩子听"。教师可以担任"故事妈妈"，由此开始"阅读"的第一课。教材第一单元《小白兔和小灰兔》，老师用绘声绘色的语言带领孩子们走进故事，指导孩子们认真倾听。故事的内容是有趣的，情节是生动的，孩子在没有任何负担的情况下，全心倾听，一边听一边用小手指着阅读的内容，有些能力强的孩子会在故事中碰到很多熟悉的字，孩子们沉浸在有趣的情节中，既激发了读书的兴趣，又巧妙地强化了识字的本领。

这种方法在引进课外阅读内容的时候也用得比较多。比如邵晟隽妈妈第一次

给孩子们讲宫西达也恐龙系列绘本《你真好》的时候，基本上也是用"我读给你听"的方式。

2. 大人读，孩子读——复述的训练

大人读，孩子听，但是"听"很快就满足不了孩子的阅读需求，他很快就会产生读书的愿望，这个时候我们可以和孩子一起读。具体做法可以是大人读一句，孩子跟着读一句，这样反复几次，孩子就能独立阅读。也可以是孩子在大人的陪伴下尝试着读，遇到不认识的字或者不理解的地方，在大人的帮助下扫除阅读的障碍。以《小白兔和小灰兔》为例，孩子在听读之后产生了阅读的愿望，我们就可以采用"大人读，孩子读"的方式，帮助孩子们自己把这个故事读出来。教学实践证明，这对于大多数孩子来说都不是难事。最后可通过同桌互相读、小组一起读的方式帮助孩子们把这个故事读出来。

3. 大人读，孩子想——思考力的培养

阅读教学特别强调学生思考力的培养，强调学生要"带着问题读"。如一年级教材《小松鼠找花生》中"是谁把花生摘走了，花生到底去了哪儿呢"，《胖乎乎的小手》中"为什么全家人都喜欢兰兰画的小手呢"，这些问题都是大人在和孩子一起读时要启发孩子们思考的问题。可以通过查找资料、聊天等方式把自然科学知识和做人做事的道理告诉孩子们。

比如有个家长在给孩子们讲《死了100万次的猫》这个故事的时候，提了两个问题：猫是怎么样活了100万次的？猫最后一次是怎么活的？刚开始，我以为这个故事太深，孩子们很难理解，我没有想到有一个孩子居然能够说出："100万次是个虚数。指的是猫生（人生）有百万种活法，过去都是活在别人的活法里，不管是被宠爱（国王），还是被利用（马戏团），猫都不喜欢。猫最喜欢的是做回自己，能与心爱的白猫生一堆猫孩，陪伴终老。"我问他是怎么知道的，他说这个故事曾经和爸爸读过。

4. 大人读，孩子编——创造力的培养

"创造力"是人类思维中最绚丽的花朵。"和大人一起读"在编排上也有这方面的渗透，比如上册五单元的《拔萝卜》讲的是老爷爷去拔萝卜，拔不动就叫老奶奶、小姑娘、小狗、小猫来帮忙，整篇文章类似段落结构反复出现，教材最后一句话："小狗喊小猫来帮忙……"泡泡里面的字是"后来怎么样了呢"？"故事妈妈"在带领孩子学习时可以出示这样的句式："（　　）喊（　　）来帮忙，（　　）拉着（　　），（　　）拉着（　　），（　　）拉着（　　），（　　）拉着（　　），（　　）拉着（　　），嗨哟！嗨哟！拔呀拔……"让孩子们根据自己的想象力，模仿课文的段落继续创编故事情节。这样不仅仅巩固了所学的课文，也有意识地培养了孩子的想象力和创造力。

比如《谁会飞》，我们可以在读后设置这样的编写练习：谁会_____

_____。_____怎样_____。这样就有效拓展了孩子的阅读视野。

有些绘本会在结尾处留下悬念，使读者意犹未尽。如《好饿的毛毛虫》，毛毛虫变成蝴蝶后会发生怎样的故事呢？让孩子们自由想象编故事，这样就启发了孩子无尽的想象力。

5. 大人读，孩子演——审美情趣的培养

提高学生的核心素养，也包括审美情趣的培养。很多故事不仅可以用来读，也可以用来唱，用来演。如统编教材一年级上册的《小兔乖乖》可以作为儿歌教学的补充，让孩子们在音乐声中表演出来，通过表演加强安全教育的意识，让孩子们会读、会演、会思考，懂道理。

《拔萝卜》也是很好的朗读、表演的材料，通过读，通过演，孩子们很快就会明白：团结力量大。这些故事生动有趣，含义深刻，多种形式的读可以让孩子们在读的过程中拥有美好的情感体验，他会感到读书是一件多么轻松、有趣、快乐的事情啊！

（二）以孩子读为主的一起读

1. 孩子读，大人听——独立阅读能力的培养

入学两个月，孩子逐渐掌握了拼音这个识字工具。可以让孩子们借助拼音读一些简短的儿歌，看一些简单的拼音绘本。比如薛瑞萍老师主编的《日有所诵》就是很好的辅助读本。第一单元中《数字歌》："一二三，爬上山，四五六，翻筋斗，七八九，拍皮球，伸出两只手，十个手指头。"《过山车》："上天了，入地了，腾云了，驾雾了。过山车，下山了，我变成，流星了。"像这样简单的、趣味性强的儿歌还有很多，坚持每天读一首，孩子们没有负担，在读的过程中既练习了拼音，又学习了生字，还积累了语言。遇到困难的时候，大人给予及时帮扶，每天阅读的时间不长，但是坚持下来，孩子的阅读能力会有很大的提高，他们开始变得可以独立阅读每天的儿歌。这时候"故事妈妈"再推荐阅读一些有趣的拼音绘本，我们会发现，陪伴阅读的时间会变短，孩子独立阅读时间会变长，孩子读书的效率会提高。

2. 孩子读，大人想——发现问题能力的培养

在"以大人为主的一起读"阶段，有一个"大人读，孩子想"的环节，大人提问，让孩子带着问题一起读，培养孩子的思考能力。而在以孩子读为主的阶段，要训练的是孩子们在读书的过程中发现问题的能力。比如一年级教材《谁会飞》《比尾巴》都是问答儿歌，它们有什么不一样的地方呢？孩子们提出问题，大人通过比较帮助孩子认识儿歌的特点。《谁会飞》一文"谁会飞？鸟会飞。鸟儿怎么飞？扇扇翅膀去又回"是一问一答式，《比尾巴》一文"谁的尾巴长？谁的尾巴短？谁的尾巴好像一把伞？猴子的尾巴长。兔子的尾巴短。松鼠的尾巴好

像一把伞"是连问连答式。

一年级下册"和大人一起读"安排的《孙悟空打妖怪》，"唐僧骑马咚那个咚，后面跟着个孙悟空。孙悟空跑得快，后面跟着个猪八戒。猪八戒鼻子长，后面跟着个沙和尚。沙和尚挑着箩，后面跟着个老妖婆……"孩子在反复朗读的时候会发现，每一句话结尾的词语和下面一句话开头是一样的，这是怎么回事呢？当孩子发现这个有趣的现象的时候，大人可以告诉孩子这种修辞方式叫作顶真，在儿歌中，这就叫作连锁调。在拓展阅读中增加这样的内容，让孩子们把自己读过的连锁调儿歌分享给其他小伙伴。比如《小调皮》："小调皮，做习题。习题难，画小雁；小雁飞，画乌龟；乌龟爬，画小马；小马跑，画小猫；小猫叫，吓一跳。学文化，怕动脑，看你怎么学的好。"这样的阅读就非常富有启发性。

3. 孩子读，大人导——价值观的引领

要给孩子们精心挑选有利于孩子身心健康发展的书籍。在和孩子一起阅读的时候，要注意价值观的引领，比如英国安东尼·布朗的《我爸爸》、美国奥米的《猜猜我有多爱你》让孩子发现爱感受爱；苏珊娜·丝玛杰的《是谁在门外》让孩子学会关爱他人；安娜·耶纳斯《我的情绪小怪兽》告诉孩子们要学会把快乐、幸福、平静、忧伤等情绪收纳起来；康娜莉娅·莫得·斯贝蔓的《我觉得自己很棒》从心理健康的角度，提醒小朋友明白尊重自己、尊重他人的重要性……

（三）课内一起读和课外一起读相结合

"故事妈妈牵手娃娃"的活动除了在学校开展，也可以在社区开展。有些孩子的父母工作比较忙，下班回家晚；有些孩子父母不在家，交给托管老师；还有些孩子下课就没人管，可以把一些愿意为孩子们服务的家长组织起来，和社区托管老师联合起来，让孩子们可以在托管班进行阅读，让高年级的孩子带着低年级的孩子一起阅读，甚至可以在"故事妈妈"的带领下到社区的阅览室、图书馆去阅读。孩子有人带着，又有读书的伙伴，很快就会"与书为友，健康成长"。

总之，和"故事妈妈"一起读，读的方式是多元的，各个阶段也是相融合的。"和大人一起读"是孩子们学习阅读的过程，也是大人和孩子一起成长的过程。每一个孩子的成长是不一样的，有的孩子可能很快就可以独立自主地阅读，有的孩子则会慢一点，但是这一点关系都没有，在"故事妈妈"的帮助下，孩子在轻松没有压力的状态下对图书、对语言、对文字产生亲密感，那是一件多么有意义的事情啊。

我想这是我们送给一年级孩子的最好的礼物。愿每一个孩子在"故事妈妈"牵手中，都能走进"悦读"的世界，伴着书香，快乐成长！

[广州市教育科学规划课题"小学低年级语文'和大家一起读'实施策略研究"（课题编号 201911924）阶段性研究成果]

做好"五个一"，架起与一年级家长有效沟通的桥梁

苏霍姆林斯基曾说："教育的效果取决于学校和家庭教育影响的一致性。如果没有这种一致性，那么学校的教学和教育过程就会像纸做的房子一样塌下来。"

一年级是孩子进入校园的起始年级，也是孩子重要的成长阶段。这个阶段自然也是家长非常重视的阶段。他们也许紧张，也许兴奋，也许期待，但是首先对老师是审视和观望，他们迫切希望孩子能够遇到一位好的老师，同时也迫切地希望孩子得到老师的重视。如果他们打心眼里接纳了老师，就会对老师提出的工作，给予积极的回应和配合；如果他们不接纳，就会对老师的工作挑三拣四，给老师的工作造成很多麻烦。所以作为一年级的老师，应当想方设法架起与家长有效沟通的桥梁，让自己的工作达到事半功倍的效果。今年我被分配到一年级担任班主任工作，发现做好这五件事，可有效与家长沟通，让我们的工作省时、省力、省心。

一、打好第一个电话

一年级的学生入学前都有新生培训，班主任可以提前几天拿到小朋友入学的名单和家庭基本信息。我特别感谢20多年以前在英豪学校工作的经历，那个时候孩子开学之前，学校要求每个班主任都要给每个即将入学的孩子的家长打一通电话。电话内容包括三部分：第一部分是简单介绍自己；第二部分是表示欢迎；第三部分是简单听取家长介绍孩子的情况，提出一些建议和要求。今天打电话给家长的目的主要是听家长简单介绍一下孩子的情况，有哪些要老师特别关注的地方。这个时候要静静地倾听，对家长提出的特别之处在孩子备注栏做好标记。

作为老师，在与家长谈话时应注意：称呼要得体，比如孩子爸爸、孩子妈妈，千万不要称呼对方的职务，如王总、李经理等，使对方一听称呼就有一种疏离感，好像老师要求他办事似的，这样的感觉非常不好。要让家长产生亲切感，他们是孩子的爸爸妈妈，我是孩子的老师，我们都是为了孩子的成长走到一起，这样就能缩短彼此之间的心理距离，建立起良好的感情基础。同时，教师得体的语言也可以赢得家长的尊敬，形成和谐的沟通氛围。电话沟通的时候要静静地倾听，能够答复的就答复，不能及时答复就请家长等一等，老师会想方设法帮助孩子解决问题。比如，有个孩子吃海鲜会过敏，这时候就要告诉家长自己会及时跟校医和餐厅、生活老师反映，同时也提醒家长嘱咐孩子如果在学校用餐，餐厅统

一送餐没注意到时，孩子自己要及时告诉生活老师或者班主任。对于自己力所不能及的事情，则千万不要随便承诺。

语言是心灵的窗子，是一个人综合修养的反映。语气温和、语言得体、态度诚恳，会给家长留下良好的印象，虽然没有见面，却能达到"未成曲调先有情"的境界，为今后有效沟通奠定良好的基础。

二、开好第一次家长会

一年级第一次班级家长会，一般是在第一周进行。这是老师和家长第一次见面。要想开好一年级的家长会，还是要做一些会前的准备，比如把教室打扫干净，布置黑板，把需要交代的事情用 PPT 展示，提前给每位家长准备好一小瓶矿泉水，让家长走进教室觉得这个新集体有文化氛围，有集体温暖，是整洁干净的，是让人感到亲切舒服的。

第一次家长会，我认为不要马上跟家长提太多的要求，如孩子几点到校、要学会整理书包、要和同学友好相处、哪一天要值日、作业有哪些要求等。虽然这些事情很重要，是应该告诉家长，但是一味提要求很容易引起家长的反感。第一次家长会，更重要的是和家长建立和谐的关系。所以我通常都是先传递思想，再把一年级孩子入学的注意事项做成 PPT，放在班级群里让家长自己回去慢慢对照执行。一般来说我讲三点：

1. 建立和谐的家校关系

第一次家长会，我一定会先提问，用互动的方式让家长有话说，让家长意识到自己也是这个新集体的一员。第一个问题通常是："孩子们到了这样一个集体，你认为最重要的是什么？"这时候，家长往往比较兴奋，有的说要让孩子快乐成长，别给孩子太大的压力；有的说注重孩子特长，关注孩子健康成长；有的家长说希望经常开放课堂，让他们能及时了解孩子的情况等等。通过他们的谈话，不仅可以让老师进一步了解家长，同时也可以加强家长之间的了解。等他们说完，我就开始发表自己的观点。

我说：孩子到了这个集体，首先我们之间要建立一种和谐的关系，你们要相信这个集体的每一个老师，在孩子心中播下爱老师的种子。

任何时候，在孩子面前要和老师保持高度的一致，要帮助孩子树立教你的老师就是最棒的想法。只有这样，孩子才能够信服自己的老师，听从老师的教导，在这个集体中快乐成长。

2. 牢记安全第一的生命价值

安全教育不管什么时候都应当放在首位。当我在班级讲到这一点的时候，几乎所有的家长都表示认同。安全主要包括两个方面：一是学生人身安全，早上上学要提醒孩子注意路上和校门口的车辆，不允许孩子在校门口的小摊小贩买东西，未经许可不能擅自到同学家玩，如果一个孩子到另一个孩子家去玩，一定要双方家长同意并亲自确认，并且家里一定要有大人监管。告诉孩子不要跟陌生人走。如果孩子生病了，千万不要勉强孩子来上课，因为孩子不舒服，上课也没有用，对孩子恢复健康也不利。二是学生的财产安全，书本、文具、衣服、水壶等用具贴上名字，别给孩子带玩具、手表、手机、钱、游戏机、电子词典、照相机、金银首饰等物品回校。上面的每一个要求我都会举一个生活中的案例，这样家长就会听得津津有味。比如讲到孩子不能在大人不允许的情况下擅自去同学家玩，我就举了两个例子：在家里没有监护人的情况下，六年级一个同学擅自到同学家玩，走的时候把同学的游戏机悄悄拿走了；还有一个同样是在没有监护人的情况下到同学家玩，被狗咬伤了。

这些要求很容易让孩子家长产生共鸣，他会感受到你是实实在在地关心他的孩子。万一以后孩子出现这方面的问题，老师再跟家长沟通的时候，他也能够比较容易接受和自省。

3. 为孩子营造良好的家庭氛围

好的家庭就是最好的教育。好的亲子关系胜过最好的老师。一个家庭，整天吵吵闹闹，孩子的性情一般不太好。当孩子身上出现问题的时候，责任往往在大人的身上，家长要允许孩子在错误中成长，少发一点儿牢骚，多花一点时间反思和改变自己。

谁都希望自己的孩子能取得优秀的成绩，学校也反复强调教学质量，分数对于老师来说也是非常重要的。但是我觉得我们更应该为孩子的终身发展奠定基础。孩子尽力就行，让孩子努力做最好的自己，千万不要攀比。成长永远比成绩更加重要。

第一次家长会不需要讲太多内容，时间太长也容易让家长觉得疲惫。这三个能引起家长共鸣的话题，会让老师赢得家长的认可。

最后播放老师介绍学校对一年级新生要求的 PPT，告诉家长 PPT 将共享到班级群。他们可以细细阅读，按照要求来帮助孩子，这样也可以避免家长遗漏学校的要求。

三、写好第一封书信

家长会上短暂沟通是让家长了解老师、了解学校工作的途径，但这是远远不够的，老师也很难快速了解孩子。于是我给每个家长布置了作业，希望他们用书信的方式向我介绍他们的孩子，表达他们的诉求。我无疑给了每一位家长自由表达的平台。今年班上 41 个孩子，我如期地收到了 41 封来信。41 封来信我都很认真地拜读，有的家长也在信中提出了很多关于孩子成长当中的困惑与问题，我很难一一回复，但是根据信中的情况，我还是带着感恩的心情做了一个集体回复：

第一次家长会给家长留了一份作业，让家长手写一封信给老师，说说自己的孩子，说说自己的教育理念，说说自己对教学的建议，对老师的要求。通过这些文字，我可以快速地了解孩子，了解家长的要求和期待。忙忙碌碌稀里糊涂地第一周终于过去了，家长们在帮我统计校运会报名的人数，我可以静下心来好好地把这些书信再读一次。再读这些像阳光一样充满温暖的文字，我的心里充满了感动。

感动之一是家长的态度特别认真，不论字写得好坏，每一封信都写得是那么工整，有些信显而易见是打了草稿重新誊写的。在我们这个集体里，有一位写信的是奶奶，奶奶年纪大了，肯定看得不是很清楚，但是依然写得那么认真，没有涂改的痕迹，字里行间充满了对孩子的关爱。还有一个家长说很多年没有用笔来写信了，真的不知道拿起笔来该写些什么，但是她依然写了，用最真实最朴素的语言完成了我这个小学一年级老师布置的第一份作业，用书面的文字和老师进行第一次一对一的交流。

感动之二是我发现我们的家长水平很高，很多家长的字写得很漂亮，文章也写得很感人，对教育有自己的认知和理念。比如说，很多家长提到只有这个集体强大了优秀了，我们的孩子才能在这个集体中变得更加优秀，大家一起前进才能够走得更远。还有的家长提到对孩子的教育一定要有原则和底线，并在书信中和老师探讨如何增强孩子的抗挫折能力。还有些家长告诉我他用了哪些方法让孩子变得更加优秀，不是空洞的说教，而是有属于自己的故事。比如有位妈妈就写了很长的一篇文章，给我讲了好多自己孩子成长的故事，就连那天在教室跟同桌扔矿泉水瓶的事儿，在她的笔下也成了一个很好的案例。这是有心的妈妈。想想自己当初作为一年级孩子妈妈的时候，我做的是远远不够的，心里满满都是惭愧，认识没有大家深，关心没有大家细，跟老师的沟通也不够用心，所以家长们是我的老师。有这么多这么优秀的家长，多好啊！还是那句话：家庭好，家长好，孩子肯定好。

感动之三是我感受到了满满的爱。每一封信都让我感觉到了信任、尊重、理解，还有鼓励和支持。有的家长在信中详细地告诉我，他从事什么职业，只要班里有用得着的地方只管开口，他们很愿意为班级服务；有的家长告诉我，曾经听到一些对学校对老师不友善的言论，但是他们开完家长会后，有了新的认识，有位家长在信中说："学校的文化底蕴宽容大气，我很幸运孩子能成为其中的一分子。老师的教学经验、育人理念、学术水平、严格要求、宽容大气、治学态度都让我放心，让我欣喜。能够进入这个班，是孩子们的福气。作为家长一定会配合老师，督促孩子养成良好的学习习惯。"而我想要说的是，遇到你们是我们的福气，谢谢你们给我们送来了这么好的孩子。还有一位妈妈说："六年来，我是一个不合格的妈妈，以后我尽最大的努力，去当一个合格的妈妈。孩子第一天上学，我出差了，孩子打电话给我说，我又多了一位肖妈妈，以后我就和她亲。我泪流满面。"此刻，我的眼睛湿润了。

一个孩子在信中悄悄地问：老师，你喜欢我吗？请家长们务必转告孩子，喜欢，很喜欢！如果老师也有做错的地方，请你拉拉老师的衣角，轻轻告诉她，这就是爱！因为有缘，我们相识；因为有爱，我们感动。新学期，我们起航啦！

另外，家长们还在群里提到很多孩子的教育问题，以后我们个别慢慢探讨，在这里就不再一一回复了。

没有人要求老师回信，但是老师认真回复了，家长能感觉到老师的认真、诚恳和对他的尊重，会打心眼里接纳你。

四、分享好第一周班级孩子的小故事

现在每个班都有群，除了 QQ 群，还有微信群。群使用得好，除了布置工作、传播信息，也是家长们反馈意见和信息的平台。班级群除了布置工作，我还会把孩子们成长的有正能量的小故事分享给家长。

今年第一周，我跟家长分享了这样两个小故事。

故事一：

仔细回想开学初忙忙碌碌的脚步，总想留下点什么，那天开完家长会，就收到了家长一条信息，说孩子的桌子不平不稳。桌子不稳肯定会影响孩子上课，家长的反馈我们要及时跟进和解决，怕自己记不住我还提醒了一句："记得让孩子提醒我。"第二天是周末，家长把孩子带来教室大扫除，下午开会的时候我就收到了第二条信息，问题解决了，只要在桌子底下放一点黏土就可以了。这个难题是孩子解决的。事情虽小，却引发我的思考：①有问题要及时向老师反馈求助，这是会沟通的表现。②能够自己解决的就自己解决，尽量不给老师添麻烦，这样的家长真好！这是体谅老师的表现。③劳动产生智慧。这个问题是孩子自己解决的，有时候我们要让孩子自己去实践，他就能找到解决问题的办法。这是有创造力的表现。干活真的不吃亏呀，有这样的好孩子，让我欣喜。会沟通、会体谅、会思考！给娃娃点赞，给娃娃的妈妈点赞！

故事二：

早上一到学校，又开始紧张地忙碌起来了，黛逸爸爸在下面帮助我们进行每月一次的废品回收，翊天的奶奶也来帮忙了。所以废品回收的事，我一点都不用操心。

今天要继续训练运动会的开幕式。昨天明秀妈妈就把蛋糕和牛奶送到教室后面，每天孩子们练累了，我把这些小零食当作奖励，顺便给他们补充点能量。一年级的孩子总是坐不住，老师不自觉地就会用上威逼加利诱这一招，面对闹哄哄的教室，我大声说："看看谁做得最好，最认真听老师讲，表扬——"我停了一下，孩子们快速地安静下来，期待着我把他们的名字写在表扬栏里，孩子们还是

很在乎老师的肯定。我接着说,"一会儿我们就要去训练了,要认真练习。表现好的小朋友,老师会把牛奶和蛋糕放在你的桌面上,你就可以上来吃;如果表现不好,你那份就要给老师吃了。只给你们准备了,没有给老师准备哦。"我故意这么说,孩子们一下子坐得直直的,瞪大眼睛认认真真地看着我等我提要求。这一招还是挺管用的,哄一哄,蒙一蒙。突然,有个娃娃举手了,站起来轻声说:"老师,那我就不吃吧,把我的那份给你吃。"他说得很自然,没有一点刻意的样子。允言妈妈和我都愣了一下,互相看了一眼,这孩子真好!

于是我在班级群里写了这样一段话:其实仔细想一想,我们做大人的,有时候都做不到这样,谢谢你,谢谢你的爸爸妈妈把这么好的娃娃送给了我。

刚刚开学,一年级的家长对班级信息非常关注。如果老师通过文字分享小故事,传递正能量,家长们也会非常感动的。而且这些小故事会潜移默化影响家长,让他们在孩子成长的故事里学习和思考,提高自己做家长的水平。当然,这就要求老师做个有心人,善于捕捉孩子的光芒,还要求老师做个勤快人,及时把孩子生活中闪光的小事记下来。

五、成立好第一届家长委员会

家长委员会(以下称"家委会")在班级建设中的作用是非常重要的。一方面,家长作为学校教育对象的监护人,有权利了解、参与、监督学校的办学情况;另一方面,家委会同时也为班级的各项教育教学活动提供力所能及的帮助,使学校教育和家庭教育更为有效地形成合力。

成立家委会之前要公布家长委员会每个岗位的职责,制订家长委员会的工作章程和工作计划。比较热心的家长会主动报名积极参与班级管理的建设工作。分组设立负责人,招募班级服务小组成员,比如财务组组长安排:谁负责收费,谁负责采购,谁负责记账。宣传组组长安排:谁负责黑板报,谁负责班级电子文档的整理,谁负责废品回收的登记。外联组组长安排:谁负责班级运动会出场式表演的总体设计,谁负责音乐剪辑和音响,谁负责分组训练的动作编排。协调小组安排:谁负责收集家长群中反馈班级管理的意见,谁负责做好第一次解释协调工作。

根据学校的整体安排把一个学期的工作有条不紊地安排下去,这样班主任工作就会忙而不乱。同时家长们在热心服务班级的过程中彼此熟悉,结下友谊,也促进了班级和谐发展。

作为一年级的班主任,只要我们用心、用情做好这五件事,就能有效地架起教师与家长沟通的桥梁,让我们的班主任工作达到事半功倍的效果。

疫情之下，一年级孩子可以这样读书

——以"故事娃娃展风采"活动为例谈一年级学生课外阅读实施策略

今年的疫情影响了孩子们的开学，很多学习任务都放到了线上。一年级的学生，在线上的时间不宜太长，学的内容又要有趣，还要注重孩子的参与度，帮助孩子们有效地进行课外阅读就成了一个难题。怎样解决这个难题，更好地完成《义务教育语文课程标准（2011 年版）》提出的第一学段课外阅读总量不少于 5 万字的目标呢？我在班里进行了这样的主题活动——"故事娃娃展风采"。现在以此项活动为例，谈谈疫情之下的一年级学生课外阅读实施策略。

一、无压力地读——巧读

广东省实验中学特级教师罗易老师讲过他教学中的一个故事。罗老师是语文老师，也是书法老师，不仅上语文课，也上书法课。怎样提高学生的书法水平呢？开学初，他给每个孩子发了一张书法纸，告诉孩子们这个学期的书法作业就是交这一页纸书法作业。孩子们很高兴，中学生本来学习任务就比较重，觉得交这样的作业很简单，觉得老师太体谅自己了，太会给自己减负了。有的同学三下五除二，很快就写好了，第二天就把这张作业交给了罗老师。在罗老师班级，每个学生都有一块墙面属于自己的展示阵地，他往墙上一贴说："这个作业就代表你这个学期的水平，如果你觉得你最好的水平就是这样，那就一直贴在这里吧。"这位同学当时也没觉得怎么样，过后一想觉得自己好像还可以写得更好一些，于是又写了一张，一比较发现后面的字比前面的写得好，就把墙上的换了下来。第三次再写发现比第二次写的字又要好一些，于是又换了下来……就这样，整个班级掀起了自觉练字的热潮，学期结束的时候，有的孩子还觉得自己的水平不好，不想把这张纸贴在墙上。后来罗老师把孩子们的那一页书法作业结集出版，题为"墨迹"，获得了广东省教学成果一等奖。

这个故事让我明白了什么？老师应该给孩子设立一个目标，这个目标一定要让孩子们觉得不是很难达到，那么他就不会有畏难的情绪，但这个目标提升的空间却很大。

"故事娃娃展风采"活动内容是什么呢？即每周早读的时候，由一个小朋友来主持，可以用直播的形式，也可以用录像播放形式，在线上给同学们讲故事，向大家推荐一本课外读物。这项活动由孩子和家长自愿报名，用一周的时间来准备。

刚开始，报名的孩子并不多，老师也没有提出太多的要求。但是这项活动开始以后，家长们发现孩子很受锻炼，讲故事的孩子在群里能够得到老师和同学们的点赞、关注，变得特别有自信，于是报名的孩子就越来越多了。孩子们觉得这样的早读好玩又有趣，有些孩子对自己第一次讲故事的视频不满意，于是积极到后面去接龙排队，争取下一次继续讲。有的家长反馈孩子为了讲好故事在家反复练习，可认真了！班级的小舞台满足不了孩子视频展示需要的时候，家长们就发到家庭群、朋友圈，得到亲人和朋友的肯定，孩子们会特别开心，这样的练习也让孩子们一次比一次有进步。

我想这种没有压力的读书，巧就巧在教师设定读书的目标不高，但是孩子会根据实际情况不断调整目标，努力向上。一个孩子带动多个孩子，少数孩子带动多数孩子积极参与读书活动，这才是最重要最成功的地方。

二、有计划地读——选读

中国有句古话叫作"凡事预则立，不预则废"，就是说不管干什么事，先要做好计划。为了更好地完成这一项工作，我让愿意参加主持活动的家长和孩子在班级群里接龙，做好时间、内容上的安排。根据家长报名的情况做好协调工作，比如有的孩子报的内容和其他孩子重复，就让家长们自己协商看看怎么调整。有些故事太简单，比如有位家长选了《三只小猪》的故事，孩子们在幼儿园就耳熟能详了，这样的情况我会建议家长换一个让小朋友耳目一新的故事，会更加具有吸引力。要选择小朋友没有看过的故事，孩子就得多读书，选的内容才有可能是小朋友没有读过的内容，或者是大多数同学没有读过的内容。根据学校课程表的安排，一年级每周两次早读，我们先排了前九次的早读安排表：

表1　早读安排表

序号	时间	姓名	书名	作者（含国家）	出版社	推荐理由
1	3月10日	杨景雯	《玛德琳》	【美】路德维格·贝梅尔曼斯	河北教育出版社	一群充满童真的小女孩的故事
2	3月13日	凌翊天	成语故事《马马虎虎》	郑雯雯	吉林文史出版社	教导孩子们做事认真，不要粗心大意
3	3月17日	曾子栋	《恐龙来了——禽龙的大拇指》	江泓，郑拓	吉林科学技术出版社	少儿科普知识传送
4	3月20日	黄奕熹	《长颈鹿不会跳舞》	【英】吉尔斯·安德烈	北京科学技术出版社	故事有趣，发人深省
5	3月24日	邵晟隽	《我长大以后》	【英】托尼·罗斯文	明天出版社	展示天马行空的内心世界
6	3月27日	翟浩魁	《我要把我的帽子找回来》	【美】乔恩·克拉森	明天出版社	小帽子可以反映出很多想法

（续上表）

序号	时间	姓名	书名	作者（含国家）	出版社	推荐理由
7	3月31日	林文韬	《奇妙的亚马逊雨林大探险》	张权	吉林美术出版社	让孩子对大自然充满好奇
8	4月3日	林炜程	绘本生肖故事《龙》	汪曼玲	郑州大学出版社	了解中国古代神话故事
9	4月7日	曾方盈	小故事《七色花》	何婉莹	长江出版社	情商故事，小朋友都能理解的小故事大道理

因为有计划，所以家长和孩子们都特别认真，每一次的读书活动都是准时、扎实、有效地开展。内容经过遴选，适合低年级孩子的阅读水平和年龄特点，所以孩子们对学习的内容特别感兴趣。试行一个月，早上的课外阅读课成了家长和孩子们最受欢迎的网课。

三、带着问题读——慧读

孔子说：学而不思则罔，思而不学则殆。这句话的意思是读书不能照本宣科，要学会思考，融会贯通地运用，不然就读成了书呆子。新课标提出："阅读是学生个性化的行为。应让学生在主动积极的思维和情感活动中，加深理解和体验，有所感悟和思考，受到情感熏陶，获得思想启迪。"由此可见，个性化阅读的最终落脚点是使学生对所阅读的文本有独特的感受、体验和理解。这就是当下阅读教学特别提倡孩子要带着问题读的重要原因之一吧。带着问题读可以有效地训练孩子们发现问题、提出问题、积极思考和解决问题的能力。

比如李黛逸同学讲的绘本故事《我讨厌妈妈》就特别有意思，首先群里播放了孩子播讲绘本故事的视频，她提出了几个问题：

问题一：同学们，这幅图一个字都没有，你会想到些什么呢？

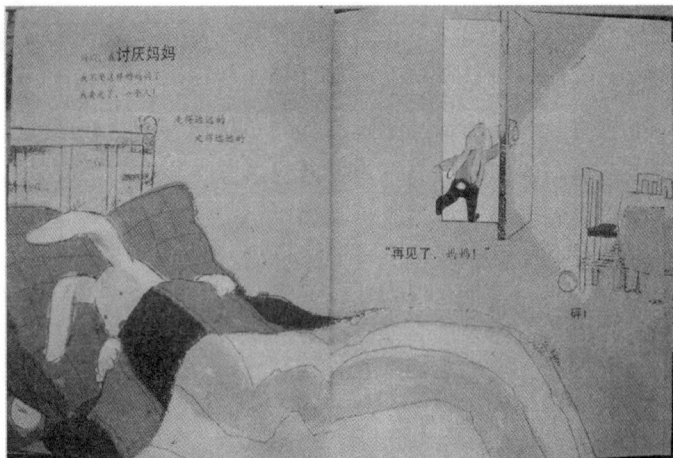

问题二：小兔子离家出走，可能会遇到什么事情呢？

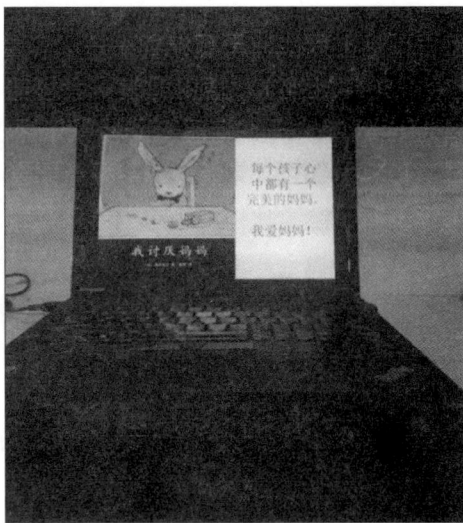

问题三：小兔子说她讨厌妈妈，你有讨厌妈妈的时候吗？为什么又说爱妈妈呢？

问题四：每个孩子心中都有一个完美的妈妈，你心中完美的妈妈是什么样子的呢？

当孩子一边讲述，一边把这些问题提出来的时候，班级群里的气氛异常活跃。孩子们讨论最热烈的是问题三，他们说故事里的妈妈很像生活里的妈妈，他们有时候也会遇到讨厌的妈妈，比如妈妈让他们做很多的作业，不让他们看电视，强迫他们干家务活、坚持运动，让他们对试卷里面的错误订正好多次……但是妈妈一定是爱他们的。

一个孩子说："如果没有妈妈会怎么样呢？"

"早上可以睡懒觉了，没有人叫我们起床去上学，迟到会被小朋友笑话，还会被大队干部登记批评。"

"不会有人给我们做好吃的比萨和蛋糕。"

"功课不会做也没有人教自己了。"

"生病了也没人管我们了。"

…………

"其实妈妈管我们也是为了我们好。"

孩子们在讨论中体会到了这份爱，就像绘本当中说的那样爱妈妈了。

孩子们读绘本，联系自己的生活实际，体验生活中的亲情，这是多么美好的一件事啊！

这样带着问题读的故事还有很多，比如邵晟隽同学讲《我长大了》的绘本，里面出现了"仁慈、有爱心、爱干净、会游泳、勇敢、安全、健康、聪明"等词语，"但是你长大了，会是什么样子呢？这是每个小朋友都会去思考的问题，请你和爸爸妈妈们交流一下吧"。这样的问题既训练了学生的阅读思考能力，又促进了亲子关系。

余灿堃同学讲的是《肚子里有一个火车站》。刚出示书名，孩子们就提出了问题：肚子里怎么会有一个火车站呢？这简直太神奇了！问题激发了孩子们强烈的阅读欲望，于是大家带着问题一起跟着余灿堃同学读这本有趣的绘本。读到最后，大家明白了，这本书原来是让我们了解自己的消化系统，从而养成良好的饮食习惯。这样的读趣味性强，又能够让孩子们深入浅出地了解故事的用意。

带着问题读，孩子们就容易练就慧眼，诞生慧根。

四、用情反馈读——导读

孩子每一次精心准备的读书活动，希望得到大家的认可，同时也需要老师的指导，这种指导不是简单地说"你真棒"就能够让孩子得到帮助和鼓励，更多的应该是有针对性地指导——既肯定孩子的长处，又指出孩子的不足，还要教给改进的方法。

以给林文韬同学的点评为例，老师首先说："你讲了一个科学故事，讲得非常认真，非常努力。"及时对孩子的学习态度给予肯定和鼓励。接着说："你讲的这个故事录像录得非常好，把文字图片还有你个人的讲授过程都组合在一起，在一个画面里组合三个部分，这个技术是老师不熟悉的，你可以当我的小老师了。"点赞孩子在视频制作中技术的先进性。然后说："我又把这个故事看了一遍。"表达了老师点评的态度是认真诚恳的，给孩子的点评是经过思考和琢磨的。最后说："我觉得你应该是一个热爱自然科学的孩子，所以你才给我们介绍了大自然关于子弹蚁的知识，这些知识用了很长的文字来描述，你能够讲成这样应该是练习了好多次的结果。而且老师看见你很用情，在数据上用重音来强调，给小朋友们留下了很深的印象。真好!"告诉孩子好在哪里。这个好在哪里往往也是为指出孩子的不足做好铺垫："因为有你的推荐，所以我很想知道你推荐的是一本什么书，这个故事是来自于哪一本书？作者是谁？我还想知道这本书，除了介绍子弹蚁，还介绍了哪些其他的知识，再给我们看看目录就好了，我相信其他的小朋友也会有和我一样的想法。"告诉孩子推荐一本书，一般还要介绍书籍信息、作者信息和目录信息等。

接着我给出了视频故事截图，说道："文章最后那句话'蛆虫'不是'昆虫'，你读成了'昆虫'。给小朋友介绍科学知识一定要准确，这是非常重要的，不然别人就会质疑你的科学知识。在这篇文章里还有一些词是小朋友不容易理解的，比如说最后那句话有一个词叫'终结者'，可能小朋友们不容易理解，你作为科学知识介绍的小主持人，要想一想，怎么给小朋友解释清楚。"这样的指导就很具体了。

最后老师再通过一段文字提出鼓励和希望："看到你这么努力地讲这个故事，老师很开心，老师也相信当我再听到你讲其他的故事，一定会比现在讲得更好。加油！你真的很棒。"

家长看到这段点评之后非常感动，在群里回复说："很感谢肖老师的用心点评，我会带着韬韬好好看看点评，相信他会受到启发的，下一次争取做得更好!"接着又到班级群里去排队接龙，准备下一次的展示了，多好!

我们用情点评的同时不能忘了默默为孩子们付出辛勤劳动的家长，我在给黄奕熹同学的点评中这样写道："一大早就能看到这么美好的画面，听到这么好听的故事配乐，感觉到这个小演员的背后有一个优秀的导演，服装是很有舞台感的，故事讲得也很精彩，就像电视台的节目小主持人。你的故事讲下来，非常流畅，语音也很清晰。不过后面的电视机上的图看得不是很清楚，文字也不是很清楚。不知道是不是用 PPT 来展示的，如果是的话，开学把 PPT 带给肖老师，我在教室里播的时候可能小朋友可以看得更清楚，你还可以在教室里现场给小朋友演一次你精彩的故事。感觉孩子们是老师的榜样，你们这么认真地对待每一件事情，真的让肖老师很感动，感谢你们给大家带来这么多精彩的演绎，也感谢你们的爸爸妈妈给我们的班级工作这么多的支持，陪伴着你们健康幸福地成长！我最喜欢这个故事的最后几句话：只要能够找到我们内心需要的那支乐曲，其实我们都能跳得很棒！我想：只要我们每个人能够找到适合自己发展的方向，我们每个人都能表现得很出色！孩子们，真的很感谢你们，很感谢你们的爸爸妈妈!"

用心、用情、用思考力的点评对老师来说也是一种挑战，每一次早读过后，家长都特别关注老师给孩子的点评。在整个读书活动中，可以清楚地看到孩子、老师和家长一起成长的轨迹，这是多么美好的事情啊!

疫情之下，一年级的孩子用这样的方式巧妙、有效地展开课外阅读活动，坚信我们的孩子们将会用更加多彩的方式多读书、读好书，在"悦读"的世界里尽情享受读书的快乐！

［广州市教育科学规划课题"小学低年级语文'和大家一起读'实施策略研究"（课题编号 201911924）阶段性研究成果；本文发表于 2020 年第 Z2 期《班主任之友》小学版］

永远不会忘记的教诲

那时，我刚从师范学校毕业不久，在一所郊区的小学里教书。校长是位敦厚质朴的老人，在我的记忆里，他总是穿着洗得发白的旧衣服，低着头，很少跟人说笑，成天都是一副若有所思的样子。

那天，我给孩子们上作品赏析课。他老早就坐在教室的后面，和孩子们一样端端正正地听我讲课。说真的，那时的我很少认认真真去钻研教材，都是铃声响后才拿着一本书匆匆忙忙地走进课堂，因为我一直认为师范毕业的自己应付那些小学生绰绰有余。

教着教着，突然，发现文章中有一个字自己不认识——左边一个竖心旁，右边一个"复习"的"复"字。我一点都没有迟疑，把"刚愎自用"教成了"刚复自用"。这个词到底是什么意思，当时我也不知道。好在孩子们没有给我任何难堪，没有人当堂向我提这个问题。

本来以为事情就这样过去了。下午，老校长把我叫到了他的办公室，指着"愎"字轻轻地问我怎么念，我不假思索地说："复。"老校长没有说话，递给我一本《现代汉语词典》，让我查一查。结果，可想而知。当时，我真的羞得无地自容，泪水"吧嗒、吧嗒"直往下掉，是悔恨，是羞愧，还是难过？全都有。老校长语重心长地对我说："小肖啊，你真的是一位很有才气的老师，但是你要记住，不管在什么时候，都要老老实实做事，踏踏实实做人。"

这件事对我触动挺大，也成为我走向成熟的一个起点。从低矮的山村小学走进广东省首家大型私立学校，再到今年广州市天河区面向全国招聘优秀教师脱颖而出，我懂得了勤奋向上不断攀登，这一切都跟老校长当年的启迪和教育密不可分。

今天，那本词典依然放在我的书桌上，里面还留着老校长那道刚劲有力的墨痕："踏踏实实做事，老老实实做人。——与肖老师共勉。"我知道，说一声感谢并不能代表我的全部心意，但是，多年来，作为教师的我总是将它放在心上，并把它教给我的学生，因为我坚信，他们也将和我一样一生受益。

（本文发表于 2002 年第 7 期《师道》）

育人故事

我的育人成长故事——追求本真

　　故事每天都在发生，怎么把故事讲好？这对于每一位班主任来说都不是一件容易的事情。最近我在《班主任之友》杂志群里发现山东的张学勇校长就很善于写故事。他每天都坚持，过个新年有故事，上一节课有故事，读一本书有故事，太太生了二宝有故事，当一个教师资格评委有故事，而且还有一大堆的故事。他作为一个"麻雀校长"，确实是让我非常敬佩的老师。

　　我觉得要当一名好老师就要及时地把孩子们成长中的故事记录下来。这一点，我真做得不够好。一是因为自己弱——知识储备不足，底蕴不够深厚；二是因为自己懒——懒得思考，懒得动笔。所以很多故事没有及时地整理下来。好在在高晓玲校长的带领下，学校开创了一个栏目"爱的故事"分享，在任务驱动的情况下，我断断续续地也写了一些文章。有好几篇还被《班主任之友》杂志选登在"诗化教育"这个栏目，现将自己发表的没有发表的故事都整理出来。再一次读这些故事的时候，有喜——及时记录真好，有忧——提炼水平不足，有遗憾——为啥不多记录一点，有自省——努力自今日始，心动之后要行动。

　　这里有孩子的故事，也有我自己的故事，还有我和孩子们一起成长的故事。

教室飘落的"雪花"

下午走进教室，我看见"小顽皮"宋书宇的座位底下满是纸屑，气就不打一处来。"快点，拿把扫把过来，把你的座位扫干净！"我冲着他大声说。可是，他居然好像什么也没听见似的，继续捧着画报看得津津有味。

"宋书宇，说你呢！你听见没有？"我把声调提高了好几度。

他抬起头，看了我一眼。

"是你干的吗？"

"是他干的，他还故意把纸撕得碎碎的。"同桌朱荥大声地揭发他，特别强调"故意"两个字。

"还不赶快去扫干净？！"

"什么？"这小子竟然跟我装糊涂，漫不经心地回答。

"你扫不扫？"

"我干吗要扫？"

"你把教室弄得满地纸屑，多脏啊！"

"不脏啊！我觉得教室挺美的。"这家伙，还是一脸满不在乎的样子。要不是再三提醒自己克制情绪，真恨不得好好揍他一顿。

"你怎么会觉得满地的纸屑很美呢？"我的话里带着一丝嘲讽。

"老师，我们这里的冬天不下雪。我从没看到过真正的雪花，有一次我在电视里看到了。我想把纸撕碎了，抛到空中，看着它慢慢地飘下来，不是很像下雪吗？所以我就觉得它好美好美呀。"他全然没听出我话中的讥讽，认真地解释给我听，样子挺陶醉。

原来是这样，我庆幸没有说出心里那句伤人的话，也庆幸孩子毕竟是孩子，他没有察觉到我话中的异样。

我笑了，真诚地微笑，我的眼前似乎也出现了满地雪花。

"雪花最后都到哪儿去了呢？"我轻柔地问。

他想了想，歪着脑袋说："变成水，流到小溪里去了。"

"那教室里的雪花，最后又该到哪儿去呢？"

他摸摸自己的小脑袋，又想了想，然后一声不吭地向放着扫把的墙角走去……

（本文发表于 2007 年第 8 期《班主任之友》）

从"你这个笨蛋"所想到的

　　每天早上进校门，值日生都要进行胸卡、红领巾是否佩戴齐全的登记：胸卡没戴，扣一分；红领巾没戴，扣一分。每周一汇总一周情况，大队辅导员会在大会上宣布每个班一周的评分情况，并且把这项内容作为文明班级评比的重要条件。老师们自然比较重视，我跟孩子们商量之后决定，为了避免这一项的错误，统一给每个学生另外配备了一张胸卡和一条红领巾，由学生叠好放在书包的夹层里备用。如果上学前找不到了，或者不慎遗失，还可以从书包里拿出来，避免扣分。采用这样的方法，学生一般不会因为这个项目被扣分导致班级在学校集会挨批评。

　　这天一大早，我刚在办公室里坐下，马丽丽同学就背着书包进来了，她的脸上满是愁云，站在我面前，一动不动地看着我，好像有什么话要对我说又说不出来。我问她："马丽丽，有什么事情要跟我说吗？"她不吭气，怯怯地看着我。

　　"马丽丽，有什么事情要跟我说吗？"我提高声音，又问了一遍。

　　"我——我——"马丽丽结结巴巴，说不出来。她一向是个伶牙俐齿的孩子，读书总是声情并茂，只要她在教室里说话，不管哪个角落，教室外面一定能听得清清楚楚。今天这是这么啦？

　　"我——我——我没有戴胸卡和红领巾，被值日生登记扣分了。"她小声地说。

　　一听这话，我有点生气，虽然不是什么大不了的错误，但毕竟被扣分了，心里还是有点不舒服，就接着问她："你的胸卡和红领巾呢？"

　　"没带，在家里。"

　　"真的在家里吗？"我继续追问。

　　"是的，我出门的时候忘记带了。"她倒是挺诚实的。

　　"那你备用的红领巾和胸卡呢？"

　　"在这里。"她把书包放下，一下子就从书包的夹层里拿了出来。

　　天哪，我觉得我都要晕了，这个傻孩子！

　　"那你为什么不在校门口拿出来戴上呢，这样不是就不会被扣分了吗？你知不知道，扣分是要写500字说明书的。"

　　"知道。"她老老实实地回答。

"可是，你为什么不拿出来呢？"

"不知道。"她傻傻地看着我。

"那你怎么不拿出来？你很喜欢写说明书吗？"我继续追问。

"不知道。"她又来了一句。

我觉得实在是忍无可忍，突然就冒了一句话出来："不知道，就会说不知道，你就是个笨蛋。"

话说到这里，上课铃就响了。我摆摆手说："去吧去吧，先上课。"

本来以为这件事就这样过去了，可是当我上课的时候，发现这个孩子有点蔫蔫的，一点精神都没有，后面数学老师上课，回来也告诉我这个孩子不正常。

看来，是我今天的话让她受到了伤害，尽管是很短暂一瞬间的话语，对学生造成的后果却很严重。一句"笨蛋"，虽然是不经意的，但是在学生默默承受的情况下，这对学生而言是一种心灵的摧残。

我错了！如何让学生心灵的伤害得到弥补呢？

我走进教室，发现马丽丽同学把头低下，不敢看我。平时她总是坐得直直的，今天的背弓成了一只大虾。要让孩子想通，唯一的办法就是跟孩子说对不起。于是我走上讲台，大声地说："今天早上，马丽丽同学没有戴胸卡和红领巾被扣分了，老师批评了她。马丽丽同学平时很聪明，上课积极开动脑筋，大声回答问题，作业也是工工整整。今天早上的事情虽然处理得不够智慧，但人都是在错误中成长起来的，你错了，老师同学会原谅和帮助你的。老师也错了，批评你的话有点伤到你，希望你也能原谅和帮助老师，好吗？"说完，我很认真地给她鞠了个躬，大家都笑了。她抬起头，先是惊讶，然后就露出了往日里灿烂的表情。

教育需要智慧。我们大人也会犯错，孩子们没有任何条件就原谅了我们，为什么我们就不能原谅孩子的一点点糊涂和错误呢？我恍然大悟：难怪有人说教育是一个灵魂对另一个灵魂的抚摸和感知，是以自己的敏锐体察他人的疼痛。老师有时候无意识的言语和行为会给孩子脆弱的心灵造成巨大的伤害。作为老师，一定要谨言慎行，呵护好孩子幼小的心灵。

（2014 年 4 月 26 日）

一次比一次有进步

今天的语文课讲《燕子专列》。这篇课文讲述的是和燕子有关的一个感人的故事：有一年春天，瑞士气温骤降，风雪不止。这时，从南方飞回北方的燕子经过瑞士，因找不到食物，饥寒交迫，面临死亡的危险，瑞士政府得知这一情况后，呼吁人们寻找冻僵的燕子，将它们送到车站，并用带有空调的列车将这些燕子送到温暖的地方。

讲到课文第三段："于是，政府通过电视和广播呼吁人们立即行动起来，寻找燕子，把它们送到车站。"此时此刻我情不自禁创设了一个情景：如果你是电视台、电台的播音员，你会怎样来呼吁呢？

孩子们纷纷议论起来，教室里像开锅的水。

"泽明，你来说说看。"我看见平时一向胆小的黄泽明也举手了，这是很难得的。

"紧急情况，请各村村民到广场集合，到森林里去寻找燕子，由于气温骤降，找到燕子送到指定的火车站，谢谢合作。"也许因为激动，他说得有点急。同学们都笑了。

"大家不要笑，他说清楚了吗？"

"没有，瑞士是一个国家，不是一个村庄，不能说全体村民，应该说全体居民。瑞士国家那么大，到一个广场也不太可能吧。再说难道森林里才有燕子吗？"菁菁站起来，振振有词。

"泽明，根据菁菁的意见，你能说得更好吗？"我用探寻的眼光看着他。

"那我就再说一次。"泽明不知从哪儿来的勇气，"紧急通知，紧急通知，广大居民请注意，因为成千上万的燕子从南方飞往北方，在我国境内遇到了麻烦，被冻死了。再加上饥寒交迫，濒临死亡。请大家立刻行动，寻找燕子，把它们送到火车站。把它们送到火车站。谢谢配合！"

话音刚落，教室里又是一阵哄笑。

"泽明，你想知道同学们笑什么吗？"其实我也有点想笑，"你问问大家吧。"

他有些不好意思，摸摸后脑勺："请问你们笑什么？"

"燕子都冻死了，还把它找回来干什么？"李昊原一点也不客气。

"燕子都死啦，你还说濒临死亡，这不是互相矛盾吗？"陈晓佳补充说。

"他有没有说得好的地方，说得有进步的地方？"我轻轻地问。

过了一会儿，王涛说："我觉得他把紧急通知讲两遍就强调了这件事很重要。"

"其实他只要把'被冻死了'和'再加上'几个字去掉就可以了。"

"我认为如果能在广播里告诉人们政府的决定就更好了。"

"你会说了吗？"我问道。

"不会。"他有些难为情，"同学们讲得太多了。"

"老师，我有办法帮助他。课文里有很多四字词语，只要把这些词语用上就可以了，请大家拿好笔，把这些词语画下来。"中队长思源站起来。

给词语练习说话，这可真是个好办法。

于是我把孩子说的四字词语写在黑板上：气温骤降、风雪不止、长途跋涉、饥寒交迫、濒临死亡、温暖舒适、燕子专列。

"啊，老师，我会说了。"黄泽明似乎一下子顿悟了。"紧急通知，紧急通知，广大居民请注意，成千上万的燕子从南方飞往北方的时候，在我国境内遇到了麻烦，由于气温骤降、风雪不止，它们长途跋涉，非常疲劳，加上找不到食物，饥寒交迫，濒临死亡，政府决定用一辆带有空调的专列把燕子送到温暖的地方去，请大家立刻行动，寻找燕子，把它们送到火车站。谢谢配合！"

"怎么样！"我问。

"很棒！"同学们高声叫道。

"掌声在哪里？"

教室里立刻响起了一片热烈的掌声。

循循善诱的鼓励，心平气和的等待，孩子就一定会一次比一次有进步。

（2014 年 5 月）

请你当主持

　　开学第一周，大队辅导员向老师把全校"国旗下讲话"活动通知送到班里，正好我在班上和同学们一起吃饭。我赶紧拿过来看，想了解我们班安排在哪一周是什么主题。以前，接到通知我往往会安排几个伶牙俐齿的孩子去提前准备，完成这项任务，班里有一大批同学不仅朗读特别有特色，还是学校大队部的小主持人呢！这些孩子善于表演，他们在全校同学面前讲话，不仅为自己、为班级，也为我这个班主任的脸上增添不少光彩！

　　"老师，你拿的是什么？"我抬头一看。原来是我们班"赫赫有名"的小张同学。只要你在我们班上一节课，他就一定会给你留下难以忘怀的印象：一节课，他基本不听，把所有的文具当成玩具，书呀、本子呀、笔呀，全是他的好玩具，拆成一个个不能再拆的小零件，自娱自乐，摆得满桌子都是。你让他把东西收好，他会漫不经心地一扬脸，"我为什么要收"？你要是替他收，他会说："你凭什么动我的东西？"同学都认为跟他同桌很可怜，实在没办法，只好来个"轮流制"，全班女同学都给他当过同桌。教室的卫生他基本没有参与过，同学们都说，"他不在教室就是为班级做贡献了"！

　　三年来，我想了很多办法，写反思、抄课文，收掉他一些东西，过两天他又拿来一些新的东西，石子、破糖纸、烂钉子全是他的好玩具，跟家长交流也没有太大的作用，偶尔能表现好两天，然后依然如故，所以愿意跟他玩的同学也越来越少。

　　这回看见他虎头虎脑在我面前晃荡，充满好奇地问我"国旗下讲话"的安排。我说："你想干什么？"

　　"不干什么。"他有点好奇地说，"我就想知道这次谁去讲，讲什么？"

　　"跟你有什么关系吗？"我没好气地说，"赶快回去吧，都放学了，还在这里磨蹭什么呢？"

　　"我就是问一下嘛！"他磨蹭着不肯走。

　　"有什么好问的？"我有些不耐烦了，"难道你想去讲啊？"

　　"老师，你说什么？"他的眼睛突然一亮。我想他当时一定以为自己在做梦，完全没有听出我的冷嘲热讽。

　　他眼神中闪过的这抹亮色，在我的脑海里就像掠过一道电光。

给他一个机会，说不定真能转变什么。

"你能讲吗？"我犹豫不决地问。心里想："真让你去讲？说不定怎么给我丢人呢！"

"真让我去讲，那你就把那张纸给我看看。"他一下子变得神采飞扬，讲话的语气也格外认真。

我有些吃惊，就把手里的通知递给了他。

刚才还是神采飞扬，现在他的脸上简直就是大放光芒。他一下就找到了我们班"国旗下讲话"的时间和主题，"老师，我们班是第四周，讲话主题是'积极锻炼，做身心健康的小学生'，耶！"

"有什么好耶的？"

"这个主题太好讲了！"可能他真是太想当主讲人了，脸上的表情有些夸张。

"那就你来讲，稿子也要自己准备啊！"我其实是想让他知难而退。

"张飞吃豆芽——小菜一碟。"真是吹牛不用上税。说完，他就像风一样地跑出去，弄得我莫名其妙。

三分钟不到，他就把他的家长领过来了，"有什么要交代的，你跟我妈说。"这家伙还挺知道程序——让家长当好参谋长。

看来只好让他上场了，我硬着头皮告诉他和家长"国旗下讲话"的要求。

下午上课，他又把一大堆东西摆出来玩，我轻轻地说："你再这么玩，我就不让你主持'国旗下的讲话'了。"他像被蜜蜂蜇了一口似的立刻坐好。好家伙，随后几天，这句话就像是孙悟空头上的紧箍咒似的，好用极了。

这三个星期，是他这几年表现最好的几周，连任课老师也开始表扬他了，同学们也开始跟他玩、不再排斥他了。虽然他主持的"国旗下讲话"得到的评分并不高，但是给他一个这样的机会，让他改变自己，积极向上，太值了！

（本文发表于 2013 年第 5 期《班主任之友》小学版）

让"难受"变成"不难受"

——一篇日记引发的思考

晚上，照例坐在电脑前评阅学生写的日记，读到小吉同学的日记，我心里变得沉甸甸的。学校要举行"六一"会演，要各班选送节目，平时班里在这方面都是比较让我省心的，同学们自己会排好节目，我只是负责审查和指导，多次表演都没有出过什么问题，所以，这一次的朗诵加舞蹈我又一次彻底地交给了孩子们。前两天排练的时候，我看了一下，发现小吉同学两只小手不自觉地在揉裤子，我就把他撤下来了，也没见他当时有什么情绪，这件事就没往心里去。可是，他今天的日记，却让我心里很不是滋味。

5 月 20 日　天气阴有雨

今天晚上我上完钢琴课已经 8 点，虽然放学回家吃了点东西，但 8 点才算是正式吃饭。一个人坐在饭桌前吃饭，妈妈在旁边看书，突然妈妈问我："小吉，前天你告诉我肖老师选中你参加六一节目的排练，排练得怎么样啊？有困难吗？"听到这句话，我一下子眼泪涌出来，完全忍不住，妈妈看到我的表情，吓了一跳。但妈妈马上就问："是不是你被换了，跟我说说情况！"其实我昨天就已经被换了，但我一直没有跟妈妈说，因为前天我才很兴奋地告诉她这个好消息。可是才过了一天，我就被换了，当时肖老师说我站姿不好手乱动，其实不是这样子的，我也认真对待了排练。而且，我登台好多次，也从来没有失误过。就短短几秒动作，说换就换，我不但难受也很愤怒。既然不喜欢我，一开始就不要选我啊，这可是当着全班同学的面换的啊！

我跟妈妈说完这些，妈妈一言不发，拿纸巾帮我擦了眼泪，要我快吃饭，她继续看书。我觉得好奇怪啊！爸爸安慰了我，说："没关系，尽力就好！"

我从来没有突然这样哭起来过，之后妈妈告诉我是因为我长大了，开始像个男子汉了。就写到这里吧。今天写完作业上完钢琴课，背完书，已经 10 点了，日记肯定来不及发给老师了，但我是真的很难受！

家长在后面写下了这样一段话：

今天晚上小吉的情绪着实吓了妈妈一跳，的确第一次看见，以至于到了 10 点仍然写了日记。文章中挺多小情绪的，就当发泄下吧。希望小吉不要想太多，做好自己分内的事情，管好自己，好好学习！你肯定是有不足之处。成长的过程总有挫折，不管怎样，小吉脸上灿烂的笑容都不应该消失。

换个位置，将心比心。我想，家长读到这样的文字，心里肯定也不是个滋味，虽然家长的留言通情达理，没有任何责备老师的地方，但是处理不好，不仅仅给孩子的心灵留下阴影，也会在家长的心里留下阴影。

于是我马上在QQ上给孩子和家长留言：

小吉妈妈，您好！谢谢您和孩子及时把心里话告诉我，孩子的日记写得很棒，很真诚，看得出孩子是很上进的，有了情绪也知道表达，不会闷在心里，真好！小吉，老师理解你很难受。有一句话你说得很对，你想想："既然不喜欢我，一开始就不要选我啊。"你并没有举手说要参加演出，老师还是觉得你有演出的经验，选你上来试试，所以老师没有不喜欢你。所有的排练老师都是不参与的，但是老师审查节目的时候，你却站不住了，所以老师就换了，毕竟这是代表班级荣誉的事情。老师相信你不是故意的，虽然你的动作比别的同学慢一点，协调性弱一点，但是你的朗诵能力还是很棒的，这一点老师很欣赏，所以才选了你。

平时，你忘了写作业，按照班级规定是要抄书的，可是你每次跟我说你不想抄书；听写错了只想订正，不想像别人一样重写三次，我都尊重你的意愿，因为你一直在努力，老师看到了，所以老师愿意在这些事情上等着你慢慢地成长。但是在一个集体中，涉及选拔、比赛，这是集体荣誉的事，老师就会严格要求，几秒钟也是不能动的，就像前几天我们的广播操比赛那样，每一个同学都精神振奋，全神贯注，全力以赴，做到最好，所以我们当之无愧获得了全校一等奖的好成绩。这个要求不仅仅是对你，对每个人都是一样的，谁愿意上来表演我都给他机会，有什么理由不喜欢你呢？

虽然这件事让你很难过，但是老师看到你这样的情绪更难过。下一次你觉得你可以做得好，你就告诉我，我再选你吧，还会有很多机会的。作为老师，我更愿意看见你用行为肯定地告诉我，你是真的很棒。如果你真的觉得选你是个错误的话，下次肖老师一定注意。如果只是一句负气的话，那以后就不要说了，不然你会失去更多的机会。谢谢你把你的感受告诉我。老师希望你振作精神，要相信自己是金子总会发光的！

还有一点，老师希望你遇到不开心的事情要及时告诉老师，这一次写在日记里就不错，下一次直接告诉老师就更棒了。我们不仅要学会宣泄，更要学会求助，这样你就会更加快乐！

这段话很快发给孩子的妈妈，孩子妈妈很快也回了信息：

收到这段话马上读给小吉听，并告知肖老师做事公平公正，只以事实说话。其实我了解，这是小吉初入青春期，有点小情绪，面子上过不去而已。谢谢您的疏导，小吉冷静之后也明白自己确实有不足之处，孩子忘性大，现在完全没事了。学习知识重要，但学习做人做事更影响一辈子。相信这次的经历会让他以后更认真对待每一件事情。请您不要有负担，这只是孩子的一篇日记，一篇心情日记而已。我们成长都有这样的经历，想隐藏自己的内心，但又有点希望得到理解和包容。现在日记完全是孩子自己控制，因为每天晚上练琴时间固定，加上他在意走心的事相对较少，所以小吉的日记在班上属于量少的，能主动写，写出真实内心，也是我一直鼓励的。孩子慢慢长大了，愿意说出心里话的机会越来越少，像您这样有方法的沟通会让孩子更加亲近您信任您。我也一直在调整自己的急脾气，感觉其实蛮不错的。

　　星期一，小吉高高兴兴地回来上课了。今天是同学们去小礼堂预演的日子，小吉悄悄地跑来告诉我说，老师，这一次我虽然不能参加表演，但是我很想帮他们搬道具（其实也就是几束绢花而已，各人自己拿着就好了）。看着他急切的表情，我不由自主地点头同意了。孩子立刻高高兴兴地抱着几束花跟着大家一起往小礼堂去了。

　　尽管心里有如释重负的感觉，这件事情还是给了我不少启示：①老师在孩子成长的过程中切忌简单粗暴，觉得自己挺公平公正的，也许不经意之间就给孩子幼小的心灵造成了伤害。②要感恩家长的包容与豁达，家长能够包容我们，我们为什么不能给孩子多一点耐心和关心呢？③做孩子的工作是要有原则，有底线，但是也一定要跟孩子讲清楚，说明白，让孩子心服口服，否则孩子心里会有难以消失的阴影。④引导孩子正确对待挫折，学会求助，酸甜苦辣对于孩子来说都是一种成长的情感体验。⑤孩子有参与的愿望，要给他提供体现价值的平台，保护好孩子那颗积极向上的心。⑥积极沟通是解决问题最好的方法。

（本文发表于 2017 年第 Z2 期《班主任之友》小学版）

一个矿泉水瓶盖的故事

早上下楼的时候，看见子皓同学正好上楼，地上有一个红色的矿泉水瓶盖子，子皓毫不犹豫就把它捡了起来。平时一枚螺丝、一颗纽扣，甚至一个笔盖、一根细绳，都是他玩耍的好伙伴，上课玩起来没完没了，老师怎么跟他说都没有用。有时候因为玩这些东西惹恼了任课老师，老师就把他的小玩具扔到垃圾桶里，可是一下课，他就会去捡回来，而且还能发现更多的玩具。老师拿他没办法，甚至把他的玩具扔到下水道冲走，可是冲走了这个，他又弄出了那个，屡禁不止，让老师们头痛不已。

平时也不见他做什么好事，可是今天他居然去捡瓶盖，尽管我第一反应是他又找到了新的玩具，但是我还是觉得应该对这种行为给予肯定。

"子皓，你真棒！一大早就知道把地上的垃圾捡起来。"我笑嘻嘻地夸奖他。

他抬起头，一愣，看他那表情可能是没有想到我会表扬他，或者又没有想到我会这样表扬他。因为我已经把那个瓶盖定义为"垃圾"，"垃圾"就应该扔进走廊的垃圾桶里。

我看着他傻愣愣的样子，发现自己的猜想是对的，他一直把那个瓶盖紧紧地攥在手心里，生怕被别人抢走似的，脸上没有半点被表扬的喜悦。

我继续说："呀，我要把这件事登记在班里的好人好事登记本上，四月二十五日早上八点零三分，子皓在楼梯上捡到一个红色的矿泉水瓶盖，主动扔进了垃圾桶。"我把这段话说得比较夸张，不紧不慢，他又愣了一会儿，终于当着我的面，把这个瓶盖扔进了垃圾桶。

我跟着他来到教室，当着他的面，把这件事记录在了好人好事登记本上。很快，早读的铃声就响了，孩子们都到齐了，我让大家停止早读，大张旗鼓地当着全班同学的面表扬子皓。我说："今天早上，老师在楼梯上发现了一个矿泉水瓶盖，子皓同学也发现了，他毫不犹豫地捡起来，把它扔进了垃圾桶，这让我很感动。这说明子皓是一位热爱环境的同学，也说明他是一位有修养的同学，我们每个同学都应该主动自觉地做个有修养的人。这样的人，你们一定会喜欢的，对不对？"

"对！"同学们都把惊讶和羡慕的眼光投向了子皓。

这么多年来，子皓总是被老师批评，被同学嫌弃，没有什么要好的伙伴，听到老师这样表扬他，同学们又这样肯定他，他的脸上露出了不好意思的表情，当然也掩饰不住内心深深的喜悦。

"我觉得我们应该设一名卫生管理监督员，负责搞好楼梯走廊的卫生，让我们的校园环境更美好，我想请子皓同学来担任，大家同意的话就举手，好吗?"我趁热打铁。

"好!"教室里小手像小树林一样齐刷刷举了一片。

低年级的孩子很容易被老师的话所感染。这么一来，子皓很快走马上任，当上了班级的卫生监督员。课间他一本正经地检查走廊楼道的卫生情况，上课玩东西的现象也越来越少，老师们都说他像变了一个人。

有人说"无痕教育"就是教育的最高境界。"无痕教育"会使孩子们快乐地不自觉地接受着教育，也让作为老师的我们感受到教育的无尽魅力!

值日那点事

"肖老师，××家长又没有参加值日。你要讲讲他，已经好几个星期了……"一位值日组长的家长怒气冲冲地在电话里找我投诉。

"肖老师，班里的小朋友都不做卫生，全是大人帮他们做，他们一个个都跑外面去玩了，在楼道上打架，今天我家娃娃都被同学抓花脸了。"

"亲们：麻烦帮忙认认，这个小姑娘是哪个班的？昨天放学后，5点多，多次进入我们班，用我们课室后面的颜料把黑板报、桌子、地板，还有墙壁涂得到处都是。黑板报都被毁了。今天我们班的孩子花了半个多小时清理教室。太可恶了。"监控录像调出来一看，是我们班的孩子，其家长在帮忙做值日，她无所事事，到人家班里乱画去了。

"哪个班的学生在爬树，班主任赶快到小花园去处理。"广播在提醒全体班主任注意。透过窗户一看，又是我们班的值日生，家长在帮孩子做卫生，值日的孩子就到院子里爬树去了。

…………

开学初，我让家长根据孩子的情况上报孩子值日的时间，安排每个孩子一周做一次值日，选出了值日组长。前两次要求家长跟来，负责把自己的孩子教会值日。我想着一个月后，孩子们就应该可以在老师的带领下自己独立做值日生了，觉得值日这点事安排好了就行了，不用太操心。开始两周倒也没有发现什么情况，可是后来问题越来越多，孩子投诉、家长投诉、老师投诉，学校领导也投诉。

这真是一个让人头疼的问题，怎么办呢？学校下午学习任务重，班主任不可能天天带着孩子们做卫生，一年级刚入学的孩子，跟他们讲了也没有太大的作用。于是，我在班级群里发了这样一段话："前两周，我发现都是家长在帮孩子做值日，结果造成值日生在值日时间惹是生非。如果在孩子想动手的时候不训练孩子的动手能力，过了这个阶段他就不干了。任何人都不要轻易剥夺孩子自己动手的权利。下周开始，每天值日组长的家长要反馈情况，如哪位同学特别能干，干了哪些事情，哪位同学进步大，谁摆桌子，谁对桌椅，谁收讲台，谁擦黑板，谁扫地、谁拖地、谁清理黑板槽、谁处理垃圾角，谁整理窗帘，哪位家长迟到或者没来，都要告诉我。孩子的自理能力有时比学习更重要，动作协调训练会促进孩子的大脑发展。孩子们慢一点没关系，熟能生巧，以后就快了。"我还根据值日要求设计了值日检查表。

表1　一（5）班值日检查表

日期	地面干净	桌椅整齐	系窗帘	讲台干净	抽屉整洁	凳子平放	垃圾角落干净	柜子	黑板槽干净	整理书架	关窗	关电闸	整理工具	组长签名	结束时间

这段话发下去以后，空了两周没人来找我投诉，值日表天天有人填写。每天学校工作结束以后我都去教室看看，地面很干净，桌椅很整齐，一切都挺好。我觉得自己说的话真有用啊！家长重视问题，就想办法解决了问题。

一天下午我去洗手间，经过自己的班级，我发现孩子们都去上体育课了，有一个阿姨在班里扫地，她怎么到我们班来扫地呢？经过询问我才知道，原来家长为了省事，居然商量着出钱让阿姨来帮忙，下课就可以直接把孩子接走，孩子就不会打闹生事，又不影响学校检查。这样的真相实在是让我哭笑不得。

怎么办？批评解决不了问题，发火也解决不了问题。学校值日老师每天都要写值日报告，为什么我们不能试试在班级里也写值日报告呢？于是我装作什么也不知道的样子，把五个值日组长找来，对他们说："你们值日工作做得很好，要感谢你们的爸爸妈妈。你们是全班最棒的孩子了，从下一周开始，我们就要写值日报告了。你们不会写，让来值日的家长帮你们写。"孩子的话在家长那里有时候要比老师管用得多。

这是第一天家长写的值日报告：

本周三值日的同学和家长，大家齐心协力，完成教室以及走廊的深度清洁工作。小雅、静怡同学缺席。大家一起按时、高效、细致地完成了除正常清洁任务外的擦拭内外窗台、擦拭栏杆扶手、擦拭黑板槽，以及清理教室死角的杂物与灰尘等清洁整理工作。特别表扬李非凡同学，因为他在完成了自己负责的分工任务后，还去给别的同学帮忙，表扬李非凡同学这种乐于助人的行为。本次值日中，进步最大的是揭允言同学，揭允言同学非常积极且认真，又快又好地完成了所有自己负责的任务。值日中需改进的地方：教室外走廊在分工表上没有涉及，不确定是不是每天都需要进行打扫。本次值日完成时间：15点35分，组长圣榕最后检查确认离场时间15点40分。

从上面这段话来看，家长还是挺认真的，也概括得挺全面。但是一大段文字，需要仔细阅读才能发现要点，以后孩子们也不容易自己操作撰写值日报告。于是我给家长提出要求：列出要点，简洁表述。第一，标注时间；第二，哪些人参与；第三，先提出表扬；第四，再指出问题；第五，不能参加的孩子要追踪原因；第六，注明离场时间。

家长根据我的意见修改如下：

2019 年 10 月 30 日　星期三

值日组长：圣榕

1. 今天值日家长到齐，无缺席。

2. 按时、高效、细致地完成了正常清洁任务。

3. 擦拭内外窗台、擦拭栏杆扶手、擦拭黑板槽，以及清理教室死角的杂物与灰尘。

4. 表扬李非凡同学，他在完成了自己负责的分工任务后，还去给别的同学帮忙；进步最大的是揭允言同学，又快又好地完成了任务。

5. 负责今天值日的同学有 2 位没有参加，其中，小雅同学缺席的原因是去参加击剑训练，静怡同学缺席原因暂时不明。

6. 值日中需改进的地方：教室外走廊在分工表上没有涉及，不确定是不是每天都需要进行打扫。

7. 完成时间：15 点 35 分，组长圣榕最后检查，离场时间 15 点 40 分。

我把这篇修改后的值日报告发在班级群里，还在班级里大力表扬值日组长圣榕，孩子可高兴了。

成长的路不会总是一帆风顺的。看到这份值日报告，静怡妈妈立刻在班级群里说话了："肖老师下午好！我家静怡周三值日，我每周都有参加，开学至今我可从来没有缺席过呀！尤其是地板，我让静怡先拖了一次，我还重新拖了一次，怎么说我们没参加呢？"

我还真不知道怎么回复。不一会儿，圣榕妈妈回复了："静怡妈妈对不起呀，我不认识静怡，我见到了您，但是不知道您是静怡的妈妈。非常抱歉给静怡造成了不好的影响，我代表圣榕给您道歉，晚上回去我会跟圣榕仔细沟通，讲清楚这件事情，麻烦您也跟静怡讲一下，非常抱歉。"

静怡妈妈回复说："圣榕妈妈没关系的，事情已经过去了，我也和静怡解释清楚了，您别放心上！安排孩子负责的区域孩子自己也是知道的，我也会协助她完成到您和老师满意为止。"矛盾就这么解决了，多好！

自从让值日组长写值日报告以后，我仔细观察，发现大人替孩子值日的少了，教孩子自己动手的多了。虽然有的小朋友还比较调皮，有贪玩偷懒的现象，但是值日组长会毫不客气地指出，双方家长就会和孩子们商量怎么解决，孩子对值日报告中的内容也越来越重视。

一周过去了，这是我收到的最新值日报告：

值日总结：2019 年 11 月 7 日　　星期四

值日组长：杨三悦

1. 今天六位同学值日，周若忻和杨雯淇两位同学因参加班级跳舞表演，请假一次。

2. 今天的值日分组进行，第一组：翊天、三悦、梓略三个同学负责 1、2 大组清洁和教室后面的清洁，第二组：梓韬、黛逸、灿堃三个同学负责 3、4 大组的清洁和讲台、黑板的清洁。

3. 过程：每组同学一位负责扫地，一位负责清洁垃圾，一位负责拖地，完成清洁后，一起把椅子放下来，然后对齐。

4. 进步明显的地方：家长只需要分好组，告诉同学们如何分工，每位同学都可以独立有序地完成清洁，这次家长只做监督和检查，大部分劳动都是学生自己完成，非常棒。

5. 今天同学的值日没有按照班级的值日分工进行，而是改为分成 2 组进行，但是同学们都完成得又快又好，15 分钟完成清洁。

离场时间 16 点 30 分。

看到这样的值日报告，我觉得以后值日这件事可能真的不会让我烦恼了。

（2019 年 10 月）

一次巧妙的口语交际训练

早上进教室上第一节课，发现第二组第三排欧阳天伟同学的座位是空着的。"欧阳天伟怎么没来呀？"开学初的家长会上，我再三强调，孩子如果有特殊情况不能按时到校一定要及时通知我，打电话发短信都可以，欧阳家一向有事情会及时告知，今天怎么——我心里打了个大大的问号。

"会不会是生病了？"

"会不会路上发生了什么意外？"

"问问情况吧？"

…………

孩子们纷纷议论起来。

我灵机一动，说："既然大家这么关心欧阳天伟同学，我们就给他打个电话吧。不过这个电话该怎么打呢？现在我来当欧阳天伟的妈妈，谁来试试看？"

"我来！"丘小阅同学第一个站了起来。"您得先把欧阳天伟同学妈妈的电话告诉我。"

"好的。"我打开讲台上摆放的家庭联系表，很郑重地把电话号码写在黑板上。

"您还要给我电话。"

"行，不过我得先考考你，先用你的笔盒当道具，我们来演演看。"

丘小阅立刻拿起了桌上的笔盒，有模有样地拨起号码来，我也煞有介事地接听起来。

"喂，你好！"

"喂，阿姨好！"

"你是哪一位？"

"我是欧阳天伟的同学丘小阅。欧阳天伟在学校生病了，请你赶快过来接他吧。"

同学们哄堂大笑。

"什么？"我没有制止教室里的笑声，而是继续装出一脸十分惊讶的样子，"你搞错了吧，我家欧阳天伟今天没有去上学呀！"

"噢！"丘小阅这才明白怎么回事，不好意思地摸摸脑袋，笑了。

我示意他坐下。

"我来。"陈小佳同学从座位上站了起来，拿起了桌上的笔盒有模有样地拨起了号码。

"喂，你好！"

"喂，阿姨好！我是欧阳天伟的同学陈小佳。"

"有什么事情吗？"

"今天，欧阳天伟没有来上学，老师又没有接到信息，大家都很担心他，肖老师现在要给全班同学上课，所以让我来给您打个电话，问问他有什么事情？"

"这样说可以吗？"我征求全班同学的意见。

"可以。"全班同学齐刷刷地回答。

"为什么？"我问。

"她很有礼貌。"

"她还把事情说清楚了。"

"她还告诉了阿姨，肖老师为什么不能亲自来打电话的原因。"

"还有她还把大家对欧阳天伟的关心告诉了阿姨，阿姨听了一定会很感动的。"

听了同学们的话，我很高兴。"有礼貌，说明白，陈小佳同学做得很好。这是打电话的基本要求。"停顿了一下，我接着说，"我们继续把这个打电话打完。"

我又拿起笔盒："谢谢你们这么关心我家欧阳，欧阳生病了，请你帮我转告肖老师，要请假半天。"

"好的，阿姨放心吧！"

"谢谢小佳，再见！"

"祝他早日康复！阿姨再见！"

"你可真会说话，还知道说祝他早日康复！现在你到隔壁办公室去给阿姨打电话吧。"话音刚落，只听一声"报告"，欧阳天伟气喘吁吁地站在教室门口。"对不起老师，我迟到了，路上塞车。"

同学们都笑了。

"快进来吧！"我也笑了。

这样的诚信该不该守

这是一份辩论题材，是一件关于诚信的事，学生在日记中反应情况大致是这样的：学校不允许同学无故带钱回校，上个星期四，张同学带钱来了，并且被谷同学发现，因不想受罚，张同学谎称这是买胸卡的钱。可是后来买零食被谷同学识破，张同学为了收买谷同学，送了一包零食给谷同学，并要求不能将今天的事透露出去。谷同学假装答应，将零食作为证据，告诉了老师。张同学后来在日记里说"谷同学不讲信用，竟然背叛我，实在不可信"。

班里发生了这样的事情，孩子们产生了疑惑：诚实守信历来为中华民族的传统美德，但这样的信用该不该守呢？孩子们在日记中展开了热烈的讨论。

刘宇豪：我觉得你答应了就不能告他，中国的历史就有诚信这一条，你不要就可以告他，如果你告他，别人就知道你不守信用，别人就不理你了，所以一定要守信用。

刘宇豪还讲了一个故事说明诚信很重要：以前，有一个人叫曾子，他要去上街，孩子也要去，曾子说只要你不去，回来杀猪给你吃，孩子同意了……曾子回来了，准备杀猪，妻子走过来说，一头猪可是我们两个星期的口粮呀！别杀了！曾子说，不行，做人是要讲诚信的，如果我们不杀猪，孩子就会和我们一样不讲诚信。

但是大多数孩子还是赞同谷同学的做法。

林姿吟：诚信是中华民族的传统美德，大人们也常教导我们要做一个有信用的人，不能做一个言而无信的人，不然，后果就会像《狼来了》的结局一样。这次肖老师让我们辩论"这个信用要不要守"的情况和一般的情况有所不同，这个同学说谎是为了告诉老师那个同学买零食。依我看来，这个信用是不该守的，因为如果保守了这个秘密，就等于包庇。

罗毅：谷同学这样做到底是对还是错，大家众说纷纭。我的想法是比较赞同他这样做的，因为如果当时直接拒绝而去告诉老师的话，他一定会纠缠不休，而且也没有证据，所以只好先委婉假装答应他一下，这样还能拿到证据，老师也可以趁早教育，让他尽量少犯这样的错误。做任何事都不能教条主义，就算是守信，也要随机应变，根据当时的情况做出正确的行动，这样才能做到事半功倍。

紫琪：我认为，这件事中两位同学都有错的地方。首先，张同学不该带钱去学校，他也不该去对面小卖部买零食，因为这是学校规定所不允许的，已经违反了纪律；其次，谷同学做得也不对，他为了告状而欺骗同学、忽悠同学是不对的，但他没有触犯纪律，只是行为方式有些不对。这种属于包庇别人的信用我觉得是不该守的，守了反而会害了同学，使他以后继续这样做，所以，为同学考虑，做错了就应该使他受到惩罚，积累教训。

最后班长沈思源进行了总结：要是让我来评论这件事，我会认为大家讲得都很有道理。通过这件事，我们明白每个人至少要有对正确或错误的判断能力。就讲此事，要是谷同学接受了张同学的请求，岂不是与张同学同流合污了吗？在这件事中，关键的并不是诚信，而是事物对错本身。要是张同学是正正当当地和谷同学谈诚信，而不是通过收买谷同学来达到目的的话，我肯定会支持张同学。但是，在这件事当中，张同学是想通过收买谷同学来避免被老师批评，这样的行为是不正当的。通过正当的行为与他人许下承诺，并且是双方都同意的情况下，才能叫作合理的誓约。诚信是由双方的信任而搭建起来的一种约定，绝不是让人同流合污的条件。这一次的所谓的约定显然不能算是誓言，而是张同学耍的花招。所以我认为，谷同学是有足够的理由将张同学的不良情况报告给肖老师的。此外，我认为张同学根本不应该去指责谷同学，而是应该好好反思他所做的事情。

最后家长给了这样的评语：我比较认同沈思源同学的想法，张同学这种做法不恰当，但我也建议谷同学应该在当时拒绝张同学的东西，不要造成张同学认为谷同学已经答应他的要求的错觉，这样处理更好一些。我们的孩子们真的很棒！

这样的辩论活动真有意义，通过辩论，孩子们不仅能够明辨是非，而且思考能力和表达能力也得到了极大的发展。

是"借"箭还是"骗"箭

人教版语文教材下册第五单元第 19 课《草船借箭》讲的是周瑜设计想谋害诸葛亮，诸葛亮巧施妙计，草船借箭，周瑜自叹不如的故事。这篇课文选自《三国演义》，孩子们很感兴趣，在老师的推荐下，大多数孩子都对原著进行了阅读和了解。

今天开课，刚把课题写在黑板上，就看见一个孩子把手高高地举了起来，她站起来大声说："老师，我认为课文用这个题目是不对的，借应该是'有借有还'，那才叫'借'，这里'借箭'，诸葛亮根本就没有还的意思，所以用借是不合适的。"

"哦。"真没想到学生还能提出这样的问题，真好！我心里暗暗欢喜，"讲得有理，那你认为应该用什么词呢？"我又把这个问题还给了学生。这一下课堂热闹起来了。

"用'取'"；"用'拿'"；"用'要'"……孩子们议论纷纷。这时候一个孩子慢悠悠地站起来说："我认为用'骗'。在这个故事中，诸葛亮立下军令状，说明他已经心中有数，先是骗周瑜，不让周瑜知道自己心中的谋划，再是骗曹操，在曹操那里巧取十万支箭。所以我认为用'骗'是最合适的。"

孩子们都对这位同学有理有据的观点投来了赞同的目光，认为《草船借箭》应当改为《草船骗箭》。其实我心里也有点儿疑惑。

这时黄文俊同学举手说："我查过资料，这里用'借'不用'骗'有以下两点理由：一'骗'是贬义词。诸葛亮是人们心中的英雄人物，因此不能用'骗'，只能用'借'。二'骗'字一般让人觉得很卑鄙、无耻，但诸葛亮用计从如此精明的曹操那儿'光明正大'地'借'走了十万支箭，是多么聪明！用'借'更能体现诸葛亮的神机妙算和超人智慧。所以课题不能换成《草船骗箭》。"

"老师，兵不厌诈，'骗'在这里不是贬义词，不能说'骗'就影响了诸葛亮的光辉形象。在《三国演义》这本书里面，好多故事都是讲诸葛亮用计蒙骗敌人的。比如《空城计》，用兵之法而已。"

"我认为《草船借箭》为什么用'借'不用'骗'，最重要的一点刚才同学说了，有借有还才叫借，课文第一段里周瑜说，'我们就要跟曹军交战''请先生负责赶造十万支箭'。我想，这些箭肯定会在交战中'还'给曹军的，这叫'有借有还，再借不难'。如果是骗，就不存在'还'了。所以用'借'好。"

这时候，我似乎也恍然大悟了。孩子们有了良好的预习习惯，让许多课文中的问题迎刃而解。

相信家长真好

下午刚刚走到教室门口，就听到教室里传来异样的吵闹声。怎么回事？我朝着发出声响的地方望去，只见黄同学在自己的座位上找来找去，号啕大哭。黄同学平时比较胆小，有时遇到事情会歇斯底里，还会突然大哭，甚至出现短暂的昏厥。医生说他这种表现是有心理方面的原因，所以我一直都跟其他孩子们说不要去刺激他，避免他发生意外，今天这是怎么回事呢？

"老师，黄同学又哭了！"看到我，孩子们就像见到救星似的，惊呼起来。接这个班没几天，千万可别发生什么。我暗暗祈祷，很快让自己冷静下来。

"黄同学，怎么回事？"我一边问，一边快速地走到他的身边。

"我，我，我的作文不见了？"他上气不接下气地说，声音哽住了。

"你先别哭了，老师知道你是个好孩子，不会不做作业的。你先停下来。"我把他抱在怀里，"老师抱抱你，你别害怕，慢慢跟老师说是怎么回事？"

"我作文本上写着的作文，下午一打开就不见了。"他慢慢平静下来，话也能说利索了。"好像有人把我的作文撕掉了。"

"是的，老师，我好像在窗台上看到了一张皱巴巴的作文纸。"孩子们跟着哄闹起来。

这我就有点奇怪了，平时知道孩子们淘气顽皮，但这也太过分了，居然把同学的作业撕下来！

"是谁干的，老师给你一个机会，下课到老师办公室悄悄承认错误。要知道，每个教室都有监控，我要查出来了就不客气了。承认了我就替他保密，我们都会原谅他。"这是班主任老师惯用的伎俩。可是下课后并没有孩子来找我，我也没有收到承认错误的纸条。真的要翻监控，还是比较麻烦的。

突然我想起来，早上改作文的时候，有个孩子的作文是剪下来贴上去的，会不会……我决定再到班里查一查。

放学的时候，我把全班同学留下，让同学们再自省一次，仍旧没有人承认。于是，我让所有的孩子打开老师批改的作文本："谁的作文是贴上去的，自己站起来。"没有人站起来，这就奇怪了，难道是我记错了？我继续说："同桌互相检查，看看有没有同学的作文是贴上去的。"

"老师，他的作文是贴上去的。"王同学毫不客气地检举了同桌。

"拿上来给我看看。"

王同学很快把本子拿到我的面前，粗粗一看，还真看不出什么，我把周同学叫上来问："这篇作文是你写的吗？"

"是的。"他毫不犹豫地说。

"那你写了些什么内容？"

"我写的是……"他把文章的内容说了个八九不离十。平时他也是个老实乖巧的孩子，父母对他的要求也严格，不应该会发生这样的事。所以，我就让黄同学也过来看看这篇贴上去的作文是不是他写的。

可能坚定的态度使他产生了错觉，他看了好一会儿才对我说："这篇好像就是我写的那篇。"

看来这两个人里一定有一个人撒谎，我开始比对周同学前面作业的笔迹，仔细看还是有区别的，周同学的眼里很快闪过一丝慌乱，不过很快就镇定下来，我又把黄同学的作业本拿来，真相一下就大白了。

我把周同学请到办公室，心平气和地对他说："小周同学，老师心里已经有了答案，黄同学的作业本，你撕了还是没有撕？老师要的是实话。如果你现在还能够认识到自己的问题，你就说实话，如果我去翻监控，你就会成为全校的'名人'。"

"是我撕的。"他低下了头。

"你把作文本拿来，把今天发生的这件事完整地写出来，重点说清几个问题：为什么要撕同学的本子？看见同学哭心里是怎么想的？老师让你自己认错，你不主动承认；证据放在眼前，你还是不承认，你想过后果没有？"我觉得孩子接受教育必须有一个思考的过程。

我通知家长下班亲自来学校接孩子，因为我认为这是个需要及时解决的问题。但是这位家长并不是很好说话，处理不好就容易发生争吵。

家长下班赶过来，孩子还没有写完作文，我让家长等几分钟，孩子写完后，我简单地说了几点：一是感谢她及时赶到学校，重视孩子的教育问题，是水平高、有素质的家长。二是如实讲述今天这件事情的过程。三是让孩子换位思考：你认为你们俩字体相像就去撕同学的本子，你们是好朋友，你看到他急成那样都不愿意承认自己的错误，如果黄同学今天因为这件事激动过头昏厥产生不良后果怎么办，全班同学早晚都会知道事情的真相，同学会怎么看你呢。四是作为父母认为这件事怎么处理合适，给老师一个意见。说完我就让家长带孩子先回家了。

晚上回到家，家长就打来电话，首先向给老师增添麻烦道歉；其次主动给黄同学妈妈打电话沟通，争取对方的谅解；最后让孩子在班级再次向黄同学道歉，不留下不良影响。

这个办法真好！有时候老师别太把自己当回事，交给家长去处理，说不定比你自己处理的方法还要好呢！相信家长真好！

（2017 年 2 月 27 日）

学生习作

李昊原的习作

吊儿郎当的我

我，乃是上知天文、下知地理、"法力无边"、无法无天的——李昊原。虽说我什么都好，但就是有一个坏毛病——吊儿郎当。我过的每一天都是吊儿郎当的一天。

早晨，我穿着宽大的睡衣，迈着沉重的脚步，吊儿郎当地刷牙、洗脸、吃早餐、换衣服，然后背着沉重的书包吊儿郎当地去上学。到了校门口后，我看了一眼自己那吊儿郎当的校服，确保所有东西都带齐后，我走进了校门。看着两边满脸严肃的值日生，我这才想起来，还要敬队礼。于是，我吊儿郎当、软绵绵地敬了一个队礼，然后无所事事地走回班里。

上课后，我走去看课表。如果是语文课的话，我就会吊儿郎当地站在讲台上，用吊儿郎当、一点都不严肃的声音喊："全班趴下！"但是，我的喊声通常都被同学们当成耳边风，他们还是各玩各的、各说各的，似乎把我当成了一只狗。导致这些的原因是——我看起来十分吊儿郎当，浑身软绵绵的，好像一不小心就会散架。所以，同学们认为我毫无攻击性，不能奈他们何。

每次，肖老师一见到我这个样子都毫不吃惊，因为她已经习惯看我吊儿郎当的样子了。但她还是会毫不客气地说："李昊原，你看看自己的样子。衣领一半在里面一半在外面，红领巾从口袋里伸出一节，耷拉在裤子上，衣服也不束……"

放学后，我背着书包吊儿郎当地走回家。我的一天基本就结束了。

这就是吊儿郎当的我。

教师点评

再次重读昊原同学这篇三年级的习作，我仿佛又看到了那个上知天文、下知地理、"法力无边"、无法无天的小淘气，就是这样吊儿郎当地穿着校服，迈着吊儿郎当的步伐，行着吊儿郎当的队礼，吊儿郎当地行使着班长的职责，虽然谁也不听他的话……这就是昊原同学鲜明的特点，孩子用独特又生动的文字再现了自己的形象，风趣幽默，让人捧腹！

夸夸我的同学

我在班上和李堃鹏最友好，所以我想写他。

他长得有点矮，身子瘦瘦的，蘑菇头，鼻梁上架着一副大大的蓝框眼镜。

他因为身体很小巧，所以跑起来像一阵风，"嗖"的一声就跑了出去，让别人难以追上。

他最擅长打爵士鼓，打得非常好，所以他家经常传来"咚咚咚"的声音。

他还很喜欢读课文。他的声音清脆而优美，好听极了！每次，肖老师都会叫他做示范，把课文读给我们听。他读课文时，会做一些好看的动作，还读得很有感情和表情。所以大家非常喜欢听他读课文。

他还在练跆拳道。所以他可以把比他大一到两倍的人摔出去。他掐人很痛，轻轻掐你一下你都会大叫。如果他用力的话，你就会流很多的血。有一次，我不小心撞了他一下，他就用力掐了我一下，让我流了很多血。正因为他学过跆拳道，所以很多人都不敢接近他，不然会"痛苦万分"的。

李堃鹏很大方，有了好东西会和班上的同学分享。所以，班上的同学有了好东西也会送给他。

李堃鹏还很好学，下节课要学习的东西会提前预习好。在预习的过程中，他没有一点困难，因为他在班上异常聪明，什么都知道。

李堃鹏以观察昆虫和植物为乐。在植物界中，没有他不知道的植物，他见多识广，能把各种植物的名字倒背如流。

李堃鹏每见到一种动物就能说出它的名字，他就是班上的小法布尔。

这就是我最好的朋友——李堃鹏！

教师点评

这篇文章的题目是"夸夸我的同学"，小作者紧紧抓住"夸夸"这个重点词来做文章。李堃鹏同学矮矮的、瘦瘦的，戴着一副大眼镜，但是他爵士鼓打得好，课文读得好，跆拳道练得好，对人大方，好学上进，还是班里的植物学家小法布尔……抓住典型事例，让人物变得丰满、立体，这对于三年级的孩子来说并不是件容易的事。

我的妹妹长大了

我的妹妹长得很漂亮，有着大大的眼睛，小小的耳朵，白白的皮肤，是个小美女。

她很聪明，看见我喝水她就喝奶，看见电视上的人动鼻子她就动脚，是个小天才。

妹妹喜欢的玩具是：小牛、小鱼、小船、小熊和小鸡。喜欢的东西是：我的胸卡、斗龙卡和小猪模型。她喜欢穿红色的衣服和黄色的裤子。她喜欢吃加了小米粥的米糊。

妹妹还喜欢看书，她喜欢看的书是《剩下一半，快逃！》《壮壮生病了》《神奇的绿屋》《做老板喽》等等。但是，她看书的时候不是用手撕书，就是拿着书往嘴里放，一本书很快就能被她撕成几半！

现在，妹妹学会了爬，但很容易"翻车"，一"翻车"就哇哇哭。

妹妹还很想走路，她每次都想走进我房间，可她走得太慢了，像在月球上漫步。

我带着弟弟和妹妹，就像火车头拉着两节车厢，在火车道上飞快地前进！

教师点评

文章字里行间充满了对妹妹的爱——孩子的笔下妹妹很漂亮；妹妹很聪明；妹妹有很多喜欢的玩具；妹妹还喜欢看书，看的方式是那样与众不同；刚刚会爬的妹妹还容易"翻车"。如果没有爱，就不会有那么细致的观察；如果没有爱，就写不出"她走得太慢了，像在月球上漫步"这样的妙语。爱和责任不经意在结尾流露出来："我带着弟弟和妹妹，就像火车头拉着两节车厢，在火车道上飞快地前进！"有这样的大哥，多好！

"战狼"肖老师

我们班的肖老师，一生起气来，可谓是一头"战狼"。

肖老师有着圆圆的脑袋和圆圆的身子，脸的正中间有一个方方正正的鼻子，两边有着大大的耳朵。

肖老师发起火来惊天动地、昏天黑地，被罚的人哭天喊地，没被罚的人谢天谢地。你们一定想知道，肖老师是怎么样让我们那么听话的？那是因为，肖老师有两件法宝——罚写反思和叫家长。从开学到现在，我已经写过十一篇长长的反思了，在反思界立下了"赫赫战功"。正如肖老师所说，一定要在反思中成长才是好孩子。如今，已经有人写完一本反思了。所以，我总结出来，肖老师就是一头凶猛的"战狼"，性格变化多端，时而非常危险，像一颗里面有五万吨炸药的炸弹；时而非常安全，像一件什么样的炸弹都能防的防爆衣。所以说，要找准时机讨好她，不要惹怒她，否则你会很惨。

肖老师会一种魔法，一种大人都会的魔法，那就是——超级无敌变脸大法！每次，在班上教训我们，满脸严肃的肖老师，一看到有其他老师或者同学家长来，就会立刻使用变脸大法，变得一脸微笑，似乎非常开心，从没生气过。但是当外面的人走后，肖老师又变回刚才那副凶狠的表情，继续训斥我们。

这就是我们班的肖老师，"战狼"肖老师。

教师点评

孩子家长对我说："孩子胆子也太大了！"言下之意，这么写老师，老师不生气吗？我对家长说恰恰相反，孩子想写什么就写什么，想怎么表达就怎么表达。这是孩子内心独特的感受。写文章要鼓励孩子说真话，敢说真话，孩子的文字就会充满灵气。这篇文章表达了作者的独特感受，同时也可从中看到作者有阅读积淀，像"发起火来惊天动地、昏天黑地，被罚的人哭天喊地，没被罚的人谢天谢地"，遣词造句特别有意思，让人忍俊不禁。文章多处有相似的描写。鼓励孩子说真话，老师才能读到真正的好文章。

我爱爸爸妈妈

　　多年来，爸爸妈妈养育了我们，他们的恩情使我们不能忘怀。他们爱我们，我们也爱他们。今天，就让我来写写我的爸爸妈妈吧。

　　我的老爸长得一表人才，有一种当大老板的雄伟气魄。他很有耐心。有一次他教弟弟轩轩骑单车，轩轩学了两个多小时还没学会。但他还是很有耐心地把弟弟教会了。他很热爱家庭，为了家庭他一刻不停地工作。他还经常教我们一些做人做事的道理。他时刻都会保持着一种追求的精神。他做不到的事情，就会努力去做到，无论有多么辛苦（不包括做坏事）。他时时刻刻都保持着一种学习的精神。自从从美国回来后，他就坚持每天早上读一个小时英语。他说要在美国可以独立办事，不用靠妈妈来支撑这个家，要让妈妈减少一点负担。他很勇敢，家人有危险会挡在前面。有一次，我们去果园玩，给我二伯伯看门的大狗不知从哪儿蹦出来了，追着我们不放。老爸立刻挡在我们前面，勇敢地对抗大狗。

　　我的老妈人见人爱，花见花开，车见车爆胎。她有一种当老师的严厉风范。别人看到她时，都会反思自己做错了什么（只限于小孩）。她也很热爱家庭。如果我们生了病，她就会一晚上睡不好，就连上班也没有心思。她的英语很好，前几次我们去美国都是靠她和外国人交流的。她知识渊博，就像一本移动版的百科全书。只要我们做作业有不会的题，在她那里一定会得到答案。她很大方，别人有错误能包容和理解并及时指出，纠正他（她）的错误，自己有错也会及时改正，并作出行动证明。她的驾驶技术很好，一个我们认为她停不进去的车位，她却停进去了。她语文朗诵很好，读书很有感情。

　　我们这个家庭多么和谐呀！这全都因为我有这么好的爸爸和妈妈，他们是这个家必不可少的一部分。希望我们家以后能越来越美丽、越来越富有！

📖 教师点评

　　昊原同学是个心中有爱的孩子。从他的文章中，我们可以看到他从不同的角度，描写对同学的爱，对老师的爱，对弟弟妹妹的爱。这篇文章写的是对爸爸妈妈的爱，心中有爱，笔下有情。点点滴滴，孩子们看在眼里，记在心上。朴素的语言，却是生活真实的反映，教孩子学会爱父母，是家长成功的地方；教孩子学会观察生活，真实感人地表达爱，是语文老师成功的地方。

解绍菁的习作

努力当学霸

最近，我感觉我渐渐被沈思源的"学霸精神"感染了。

众所周知，我的死党——沈思源是一个极其标准的学霸。她成绩好，对学习很有热情，是一个名副其实的好学生。而作为她的死党我，整天耳濡目染"刷题""刷班"等关于学习的新颖名词，也被感染了不少。

这个学期刚开始，老爹老娘就给我不断加压。一开始我不习惯，但是到了第九周第十周的样子，我已经习惯了，感觉不到累了，现在甚至有一点以此为乐了。

前一段时间，老娘可能是觉得给我的压力太多了，就想给我减压。已经有一个给我巩固基础的数学班，那么"学而思"培训就减掉了，星期五晚上有一个语文提高班，老娘就想把我星期四下午的语文补习班去掉。

我忽然有一点哭笑不得：原来就是你们让我上的，现在又要让我退出？我心里有一点空落落的，觉得好像缺了一块，很不舒服，感觉我放学后的生活不那么充实了。

我一开始被我的想法吓了一大跳——这可是学霸的惯有思维呀！莫非我在朝着好学生的方向发展？

我现在好像的确在朝着好学生的方向努力——那么多培训班也不觉得累。想想我以前，那可是上一个培训班都累死累活的，哪像现在，还要争取多上一两个培训班呢。

不过当一个好学生也没什么不好。而且现在我们已经六年级了，是要以学习为重了。要好好努力！

当然，我还是有很多不足的。比如说上课注意力还不够集中，书写不够好等等。

我现在倒是希望我可以学习好了。唉，要是我早一点领悟到"真理"，我早就成为沈思源那样的人物了。

教师点评

　　菁菁在文章里表达了一个非常美好的愿望——想当学霸，把学霸的标准定义为"成绩好，对学习有热情，上很多兴趣班也不累"，把思源同学当作自己的榜样。其实我知道，思源是个非常勤奋刻苦的孩子，爸爸妈妈平时回来少，她自己管理自己，经常学到晚上十二点多，虽然我不主张小朋友这么学习，无论如何身体都要放在第一位，但是我一定要告诉你的是：宝剑锋从磨砺出，梅花香自苦寒来。一分耕耘，不一定有一分收获，但是十分耕耘，就一定会有收获！

"凶神恶煞"

自从上了小学，以前温柔可亲、善解人意的老爹老娘好像在一夜之间都变成了"凶神恶煞"。特别是以前从来没有骂过我的老爹，从那件事情之后，我简直都不敢相信那是平日有什么要求都满足我的老爹了！

大概在二三年级的时候（我那时候的脾气可没有现在好），发生了一件事，让老爹在我心里的好形象彻底毁了。

那天是个周末。我快速地把作业做完了，想在晚上吃完饭后看一会儿电视。

吃完了一顿简简单单的晚饭，我向老爹发出请求："我作业做完了，也没有什么事了，能不能让我看一会儿电视呀？求你了！"

"不行！"老爹"无情"地回答道，"钢琴弹了没有？复习卷做了没有？我相信做完这些就到时间洗澡了。"

我极其不情愿地迈着沉重的脚步进了书房。弹完了琴，我又问老爹："就让我看一小会儿电视嘛……"

我话还没说完，老爹就生气地打断了我的话："菁菁！"

我可不想挨骂，便狼狈地又进了书房。这个晚上我过得可真不愉快。

刷牙的时候，我因为心情不好所以重重地把玻璃杯摔到了洗脸盆里，谁知就碎了！

"菁菁！你太过分了，一个玻璃杯居然就这样让你给打碎了！出去，给我好好地反思反思！"老爹愤怒地吼道。

我害怕极了，只得赶紧面壁思过。多亏奶奶替我求情，否则我估计一晚上都睡不了觉了。

我第一次见到老爹那么凶。晚上我甚至还做了噩梦，梦到老爹变成了魔鬼，吓死我了。

第二天早上，我本以为老爹不会像往常一样叫醒我了。谁知，我早上醒来看见的第一张脸，就是那张熟悉的"老脸"——老爹。老爹一如既往地提供"叫醒服务"，好像昨天的事情没有发生一样，还关切地和我说："昨天是爸爸太凶了，对不起呀！"

其实老爹只是希望我改掉一有不顺心的事情就乱发脾气这个毛病，但是我屡教不改，实在是太不应该了。老爹都是为了我好，所以才会采取"过激行为"来让我明白什么是好的，什么是坏的。真是父爱如山啊！

教师点评

　　第一句话就非常有意思："自从上了小学，以前温柔可亲、善解人意的老爹老娘好像在一夜之间都变成了'凶神恶煞'"。好像让爸爸妈妈变成恶煞的罪魁祸首就是上小学似的。为了证明自己的观点，你用动作描写、语言描写展现了爸爸对你的严格要求，选取的角度很有意思。包容是一种爱，严厉是另一种爱，用生活中典型的例子来表达情感，不错！

我的体育考试终于及格了

今天真是我的幸运日，我早就预感到今天有好事发生，果不其然，天大的好事——我终于不用在考完体育后被老爹老娘和老师郑重其事地说："看来你的体育锻炼不够，我们给你加了很多的锻炼时间。哎呀，这样下去可不行，初中怎么办……"

没错，你猜对了，我的体育考试终于及格了。尽管两次都是压线过的，但相比上一次的"惨剧"，这一次可以及格，我已经可以给上帝下跪了。

就因为上一次没有及格，我被迫上了一个什么体育补习班，肖老师还把我"无情"地送去了田径队，何老师有一段时间还拉着我和我的"难友"李熙每个星期一去跑步（我有没有跟你们提过何老师在广州马拉松比赛中拿过名次）。

我现在一点也不紧张了，因为就算我的跑步项目一个都没有及格，我也可以在整个考试里及格了。所以为下一个考试项目担心完全就是在做无用功。

我已经把这个令人兴奋的消息告诉了老爹，老爹非常高兴，再加上我测验一百分的双重高兴，老爹甚至考虑在网上给我买一个我梦寐以求的可以拍照的显微镜电子目镜（而且是两百万像素的）。

不管怎么说，我的体育考试终于及格了。

📖 教师点评

体育考试及格了，可能对于很多人来说都是一件平平常常的事情，对于你来说是一件天大的好事，确实没有说错。你的语言实在有趣，比如："这一次可以及格我已经可以给上帝下跪了。""就因为上一次没有及格，我被迫上了一个什么体育补习班，肖老师还把我'无情'地送去了田径队，何老师有一段时间还拉着我和我的'难友'李熙每个星期一去跑步。"不经意的抱怨却体现了所有人对你的关心和帮助，最终还是爸爸妈妈好——"威逼利诱"，菁菁的体育终于及格了。恭喜你！继续努力，及时记录自己成长的故事。

再次闹笑话

今天课上，我再次闹了一个笑话。

今天第二节课是语文，我们改完了复习册，接着改"金牌学案"。我们认真地改着，肖老师一丝不苟地给我们讲这道题怎么做，那道题不该怎么做。相安无事，正是肖老师想要的课堂纪律。

本来以为在这节课上我不会很特别的，可是事实与想象正好相反，太惭愧了。

我们读到一题，叫"我永远忘不了老师那深情的目光"，要选择"深"的含义。这么容易、这么不起眼的题，我们的肖老师还能给我们拓展——用"深情"造句。

肖老师造句说："爸爸深情地望着妈妈，妈妈也深情地望向爸爸。"

我一开始觉得这道题有些"少儿不宜"，但是又换了一个角度想，我根本就没见过老爹老娘深情对望过。

老是管不住自己的嘴巴的我，又忍不住对老师说道："老师，我从来没有见过老爹和老娘深情对望过！"

"他们肯定有过，只是你不知道而已。要不然哪里来的你？你就是他们爱情的花朵。"肖老师不慌不忙地对我说。

我悄悄地对我的新同桌说："这个花朵有点胖！"

今天我再次在肖老师的课上闹了一个笑话。

📖 教师点评

这个故事真的挺逗，你是个善于选材的孩子。遣词造句是语文学习主要的内容，你的故事层层推进，特别注意心理活动的描写，比如刚开始学习"深情"，听完老师的话觉得有点儿"少儿不宜"，到文章结尾悄悄地对新同桌罗紫琪说："这个花朵有点胖！"这些句子都令人捧腹，很风趣。读了这篇文章，我看到了活泼开朗、总能把欢笑带给所有老师和同学的你。

这是要"杀人灭口"的节奏啊

何老师现在不知道为什么想"杀"我和李熙。

开个玩笑，不是真的杀，而是何老师现在做了一个可能会让我成为第二个"死"在操场上的女生的决定。

怎么会无缘无故地"死"在操场上呢？唉，谁叫我跑步跑得慢呢？这话不偏不倚地传到常常跑步的何老师的耳朵里了，于是乎，何老师就决定每个星期一都带我去操场跑步。上个星期一何老师念在我是第一次跑，就放了我一马，只让我跑了三圈。不过她事先给我打好预防针，告诉我这个星期该跑五圈了。不过好消息也来了，李熙来给我当"陪葬品"了，为此我高兴了好一阵儿呢！

今天下午肖老师讲完话之后，我就开始扫地。有了李熙这个劳动能手的帮忙，简直是快到爆！接下来是在何老师办公室里漫长的等待。因为何老师要给所有老师上腹肌训练课，做完腹肌训练后老师们要跑步，顺便带着我们跑。我和李熙不约而同地打开沉重的书包，拿出厚厚的作业本，照着写得密密麻麻的作业登记本，开始写作业。

过了好一会儿，何老师终于来了，带着我们来到了操场，开始了"杀人行动"。李熙毕竟是第一次跑，比我还慢一点儿，不过我相信我们两个人心里的感觉是一样的。李熙只跑了四圈，就在那歇着了。我很惨，我跑到最后一圈的时候两条腿好像都是机械一样，只会摆来摆去的，没有知觉了。

回家的时候，骑着单车，迎着微风，感觉生活是瞬息万变的，你刚刚还幸福着呢，一下子就可能掉进一条臭水沟。同样的，从臭水沟里出来，发现自己考了个第一名，高兴得岔气了，这都有可能。所以不要过于悲伤，面对挫折要乐观，挺一挺就过去了。

📖 教师点评

"幽默"是菁菁文章的一个特点，另外一个特点就是"夸张"。这篇日记的题目就特别夸张，读你的题目就把人吓了一大跳。虽然言语很夸张，但是确实是你自己独特的感受。读完整篇文章，能够感受到你和同学之间的日常生活，也能感受到在体育运动方面的无可奈何。不过菁菁确实是一个非常坚强的孩子，从结尾就可以看出来，不管遇到什么事情都要乐观，挺一挺就过去了。这篇文章和你前面那篇《我的体育终于及格了》照应得很好。开学初不及格的体育，好好练练，学期末就一定能过关。看来确实是"宝剑锋从磨砺出，梅花香自苦寒来"呀！

曾熙雅的习作

太不一般了

今天，我在电脑上看了一场世界级辩论赛的总决赛。这场辩论赛，跟我们班的辩论赛简直不在一个层次上，是武汉大学对阵马来亚大学。

他们总决赛的主题是：怎样用人。正方是武汉大学，他们认为：用人不疑，疑人不用。反方马来亚大学认为：用人要疑，疑人也用。

刚开始，我根本就不知道是什么意思。后来，我终于看明白了。正方认为用那个人，就不用怀疑；反方认为，用人要怀疑，怀疑的人也用。规则是这样的：正方辩友有三分钟的演讲时间，讲完之后，反方有三十秒的问题时间，正方有一分三十秒的回答时间，然后反方留在台上，另一个正方选手上场。讲完之后再换掉反方的选手。以此类推，一对一辩论。还有另一个环节：自由辩论。是这样的：对方说完，可以自由站起来辩论，时间到就结束。

其实，我认为，反方的那个肯定好讲一点。可是，我觉得正方讲得有理有据。所以，我心里认为正方赢定了。

我觉得他们讲话都有两个特点——一个是话不投机就见风转舵，而且会留一定的话来说。这样就能保障自己接下来说话安全；要么，就顺水推舟，把对方说的话融入自己这方，反而对自己有好处。我看了，不得不佩服起这些人来。台上一分钟，台下十年功。想必他们花了很多的功夫与时间，慢慢积淀而成的吧！

想到这里，我觉得自己班上的辩论会，进步的空间还是很大的。尤其是当我看到他们最令我由衷佩服的一点：当对方问出一个问题的时候，无论有没有料到，都没有半点犹豫，马上接过话题。而且咬文嚼字，口齿清晰，令我能很快理解他们的意思。

整场辩论赛，没有一个地方不令我佩服。真是唇枪舌剑呀！

最后，不出我所料，武汉大学获得了最终的胜利。真值得我学习！

教师点评

这是一个引人入胜的题目——"太不一般了",是什么不一般呢?读了你的日记才知道,原来是世界级的辩论赛的总决赛。作为一个小学生,能看懂大学生的辩论会,这本身就是一件不一般的事情;看懂了还能概括出他们讲话的特点,这就更不一般了。怪不得你会对这场辩论会表示由衷的敬佩,老师在敬佩这场辩论会的同时,也敬佩作为小学生的你,能够有自己的思想和理解,继续加油!

"劝说小明爸爸"引发的事

今天下午第一节课是语文课，肖老师照例检查作业。然后，她就检查到了我们昨天表演一百三十二页劝说小明爸爸的作业。但是，很多同学都没有做这项作业，肖老师就让这些同学把自己想要演的东西写成剧本。这个时候，曾维嘉举手说自己的家长都不在，肖老师便说："那你现在跟我演吧。你演得好，我就让你不用写剧本。"可是，"不知好歹"的曾维嘉同学选择了写剧本。于是，肖老师大发慈悲，说："你们站着的同学谁上来跟我演？演得好的话就不用写剧本了。"

最后，由于所有同学都不肯上去演，肖老师就点名让朵朵演。

"啊，今天天气真好啊！""肖爸爸"说，"（拎起一个包）你看这长长的线，多好啊，方便又简单！"

然后，"肖爸爸"猛然发现了正在写作业的儿子"刘小明"："嘿，儿子！写作业呢？别写了，别写了，走，咱们打鸟去。你去把爸爸那猎枪拿来！"

"刘小明"听话地拿来了一根"猎枪"（其实是旗子），她的这个举动引起了我们的一片哗然。肖老师马上回到现实生活中："你这个举动就不对了！"

"为什么？我可以先拿来再劝说嘛。"朵朵争辩道。

"不行不行！拿来就晚了。"肖老师显然不想再解释了，让朵朵下台，"你还是乖乖写剧本吧。王语琪，你来！"

王语琪跑上讲台去了。

"啊，今天天气真好啊。（拎包）你看这长长的线，又方便又简单。儿子，别写了，别写了！跟老爸打鸟去。把老爸的猎枪拿来。"

"爸爸，还是不要打鸟了吧。你这么做不是残害生灵吗？""王小明"站起来说，"不如我们去钓鱼吧。"

全班哄笑起来，可是"肖爸爸"显然入戏太深，继续说道："鸟是野味啊！行了，别说了，赶紧去拿猎枪！"

"为什么要打鸟啊？你去买不就得了吗？""王小明"说道。

"肖爸爸"理直气壮地说："打的是纯天然的！快去拿枪！"

这个时候，"王小明"无言以对了，被推下了台。而我已经笑得上气不接下气了。

这个时候，李堃鹏主动挑战了。"爸爸，""李小明"一站起来就说，"您听说过禽流感吗？"

"禽流感？如果有禽流感这些动物也早死啦！而且禽流感早就过啦！再说了，禽流感主要是鸡，不是鸟！""肖爸爸"简直无懈可击。

李堃鹏怏怏地坐下了。"肖爸爸"取得了胜利。

这节语文课真是太有意思了！

教师点评

什么是语文？叶圣陶先生说："口头为语，书面为文。口头语言和书面语言加起来就是语文。"你的日记写了一堂表演课，重点抓住了人物的语言描写，再现了课堂情景，把班里扮演小明的同学写得有声有色。不管是刘小明、王小明，还是李小明，今天再读这些文字的时候，我都能从你的语言文字里感受到同学们上课的热情，能感受到同学们对表演课的热爱。能说、能写，你们就一定能够很好地提高自己的语文能力。

妈妈小时候的"玩伴"

今天早上，妈妈神神道道地捧着一大盆东西到阳台上去晒。我们问，她就莞尔一笑，还是不告诉我们那是什么东西。

中午回到家，妈妈终于揭开了谜底——那是橄榄核。"老妈，你为什么无缘无故弄盆橄榄核啊？"我奇怪地问。

"橄榄核里的仁可以吃。而且，橄榄核可以玩。"老妈笑眯眯地说。我心想，橄榄核怎么玩啊？弟弟和姐姐的脸上也带着同样疑惑的神情。妈妈看出了我们的疑惑，笑着说："我们小时候，可没有你们这么多玩具。我小时候跟你舅舅、小姨和姨妈几个人一起这样玩。"

老妈说着，做起了示范。她边做边说："喏，把一些橄榄核握在手中，撒到地上——接着，尽量找两颗较近的橄榄核，用手指在它们的中间画一条线，之后，看好——将一颗橄榄核弹到另一颗那儿去，如果弹中了，这一颗就是你的了。哦，当然，要注意一点——虽然碰到了你的那颗目标，但是如果同时让其他的动弹了，你还是输了。这个时候，就要捧起来重新撒一次橄榄核。最后看谁的橄榄核多谁就获胜。橄榄核可以说是我儿时的玩伴啊！"

我们都被老妈说得迷住了。即使我们有很多玩具，可是我们都觉得一点新意都没有，不好玩（况且那些玩具，说白了都是我弟的）。

我们马上试了起来。我每次都弹中了，可惜也弹到了其他橄榄核；姐姐每次都没有弹中；弟弟非常"牛"，弹出几米远，到现在我也不明白为什么他这么不会使用力度。

橄榄核不愧是我妈妈儿时的"玩伴"，这么好玩！

教师点评

读这些文字的时候自然会想起一首小时候唱过的老歌——《听妈妈讲那过去的事情》。题目读起来特别亲切，一看就是讲过去的事情。妈妈讲的橄榄核也是老师小时候的玩具，读你这篇文章，老师仿佛也回到了童年，回到了玩那些简单的游戏的时候，玩具并不多，也不值钱，但是给我们的童年带来了无穷无尽的快乐。现在科技发达，多功能电子产品给孩子们的生活带来了翻天覆地的变化。想想自己小时候，游戏虽然简单，但是健康快乐，还能够训练孩子的协调性——踢毽子，跳皮筋，滚铁环，打陀螺，跳房子……都是非常有意思的游戏，如果你们愿意和小朋友一起玩这些游戏的话，不仅可以锻炼身体，也会体验到爸爸妈妈童年的乐趣。

"悲剧"的发生

昨天，我十分悲剧地被罚写了反思。不过，再怎么悲剧都是自己酿成的大祸、惹出的事端。还是让我来讲讲吧。

早上，老师开始报听写。正当我听着老师报了一个什么词，我的电话手表响了起来。啊！我没有摁到开机键哪，怎么会响?！这是我的第一反应。

我慌张地脱下了手表，小心翼翼地放进抽屉里。

同学们奇怪极了，有的知道内情的，就"哇"起来；有些不知道的，就"啊"起来，大家纷纷小声议论起来，不过他们的声音还是没有手表的声音大，手表开机的声音响亮极了。我突然间有点不知所措。

我抬起头来，老师正看着我，然后缓缓开口道："哼，曾熙雅，你上课的时候手机响，是不是应该写反思?"

我点了点头，尴尬地低下头来，脸在发烧。

我错就错在没有事先将手表调好，就算我的手表真的有点坏了，但是一些功能还是好的。我可以事先把手表调成震动或者静音，这样，即使怎么自动开机、关机，也不会吵到同学。如果像我这样调正常模式，那么不仅会影响到同学，自己也会不好受。

平常都没有犯这样的错误，这是怎么了呢?

肖老师，这次是一个小小的失误，下次我一定会吸取教训，不让铃声在课堂上响起!

📖 教师点评

站在当事者的角度写，这个故事好像是个悲剧。站在老师的角度看，这只是一个小得不能再小的故事：不就是上课电话手表响了吗? 嗯，确实是个违纪的行为，你能抓住这点小事，写出当时的情景和自己的心理，确实文笔不错。从某种角度来说，这就是一篇自我教育的反思，在反思中成长、在反思中进步也是一件美好的事情。我想起了班级里流行的一句话：人间自有真情在，多写反思也是爱。每个孩子都是在错误中不断前进的!

别致的礼物

今天上美术课，做完老师布置的事情以后，我们又聊起了我的狗狗豆豆。"完了，曾熙雅现在眼里只有狗狗了！"张郭堃说。

我拍了她一下，说了一声"哪有"。张郭堃的笑点超级低，竟然因为这两个字就"嘎嘎嘎"地笑起来。

"我做一个盒子吧。"李堃鹏说着便动起了手，几分钟之后，他就差不多做好了一个不大不小的盒子。"可以做狗狗的食盆。"李堃鹏边说边继续做着。我没来得及说一声"谢谢"，李堃鹏就又忙开了。"这个太小了，我做个大一点的。"说完，他把那个小盒子废掉了。

另一边，张郭堃也忙开了，"我给它做个什么东西好呢？"她思索着，还向我投来疑惑的目光。

我趴在她的桌子上，下巴磕在那里，摇了摇头，表示我也不知道。"你不是说它正在磨牙期吗？我给它做一个东西练练牙齿。"

"谢啦，各位。"我简单地说。

东西做好了，李堃鹏把盒子递给我，我说："食盆就免了，豆豆喝奶，顶多有时候给它一小片肉或者几颗玉米什么的，不用食盆了，当作便盆吧！"李堃鹏竟然说，这是个不错的建议。

我向冯琬淇借了一张粉色的大卡纸，铺在盒子里。

张郭堃说："喏，给你，干净的，吃了也没关系。"

回到家，我把东西送给豆豆，豆豆很高兴，在地上不停地打滚。

吃饭的时候，豆豆不再只是一副要吃东西的样子，它一直十分专注咬着张郭堃给的那个"卷"。大小便的时候，它乖乖去李堃鹏给的盒子那里拉。朋友们的礼物物尽其用啦，豆豆真的很听话。

教师点评

透过你的文字，知道你有只非常可爱的小狗。这只可爱的小狗还吸引了好多同学的注意力，你们这么用心地给小狗准备礼物，老师看到了你们对小动物的爱心。有爱心，你才能够把狗狗描写得这么可爱，我也想去看看你家的小狗豆豆了。

张郭堃的习作

这"销魂"的网络语言

"你认为我这么黑,这几天太阳不毒辣吗?"

最近在同学们的 QQ 群里,我这个冒牌孙悟空用我那火眼金睛,看到了一些看不懂的语言。原来同学们最近发的都是一些网络语言,只是用了"谐音",不容易让人明白而已。事情是这样的……

唉!不如趁着写日记这会上一下 QQ 吧,有时偷懒总是人之常情嘛!呵呵,不要笑我,其实很多同学都是这样的!我打开 QQ,发现有好多消息,翻开一看,都是在发一些网络粗口,我相信同学并无恶意,但是具体这"销魂"的网络语言我也不知道是什么意思。后来同学们在 QQ 上发啊发,我终于摸出了谐音的奥秘,例如:沈金冰(神经病),胡里晶(狐狸精),刘芒(流氓),秦寿(禽兽),艾白武(二百五),朱投(猪头)等。哎,这"销魂"的网络语言!不过这只是逗大家乐的,一定无恶意。我绝对不是告状,而是觉得"太销魂",所以写成日记!

哎!这"销魂"的网络语言!还是希望大家不要爆粗口哦,要保持像我一样阳光健康的心灵,加油!

教师点评

姑娘要是不说,我还不知道网络上有这么多"销魂"的网络语言。随着科学技术的发展,网络也发挥着巨大的作用,新的网络语言也随机应运而生。你在文章里描述的好多网络语言老师也不知道,所以要谢谢你,带着老师一起去学习,让老师也能跟上这个时代。你说的很对,网络语言有些是搞笑的,但也有一些是粗俗的,我们在使用的时候一定要学会甄别,用你的话来说就是要保持阳光健康的心灵!为你点赞!

我们班的"动物家族"

　　我最近发现了一件趣事，我们班好多同学的名字的谐音都是"动物的名字"。我也是从李堃鹏发的一条个性签名中发现的，好像是这样写的"世界上三大出自林俊霖之手的动物：谢绍鲸、李昆虫。"当中的谢绍鲸就是我们班大名鼎鼎的"笑神"谢绍菁同志，李昆虫就是在我们班出了名的糊涂虫李堃鹏……

　　呵呵，窃喜，因为班上不止我一个人有动物的名称了。我的动物名称是"大黄鸡"，这个名称不是因为谐音，而是因为我冬天的时候老是穿黄色的毛茸茸的毛衣和黄色的羽绒服，所以曾思皓就赐予我这个"大黄鸡"的外号了。下面请允许我向你们介绍各位有着动物谐音名字的同学。

　　第一个登场的：来自第四组最后一排的"鱼贝贝"同学，她是产于东北的一条鱼，原名"余馨卓"。第二个登场的：来自第三组第二排的"刘宇蚝"同学，他是一颗矮小的蚝，原名"刘宇豪"。第三个登场的：来自第二组最后一排的"黄海皮"同学，他是一张海皮，原名"黄海平"。第一组的暂时没有，要进一步观察了解……

　　我们班还有许多"动物"呢！

📖 教师点评

　　的确是很有意思的事情。我原来一点儿也没发现你们的名字里面有这么多和动物是谐音的，你不说我一点都不知道。生活中时时处处都有素材可以作为我们写作的材料，只要拥有善于观察的眼睛。这篇文章的选材角度非常有意思，记录的方式也非常有意思，读来让人忍俊不禁。

下雨天要防滑

现在是下雨的黄金时期，我们要提防这些被雨淋到的湿滑的地板，这些滑溜溜的地板可是不会"板上留情"的，在这种天气，你一定要记住一点："在光滑的地板上不要装不要作。"

据说现在已经有人中招了，一不小心，这地板一调皮，有一个一年级的小朋友就"砰"的一声，头就到地上了……听到这一消息，肖老师第一时间快马赶到班里，又开始给我们讲安全教育：

"现在经常下雨，地板非常滑，最近听说有一所小学的一个一年级小朋友就这样脚一滑噌一下就摔到了地板上，附近路过一个老师给这孩子做人工呼吸，打120，救活了这个孩子，真的是差一点就去黄泉了啊！所以我和你们说，下雨天不要跑步，万一脚一滑噌一下就摔倒了，摔倒了要尽量往前摔，那样可以稍微避免伤得太严重。还有，可以请你们的家长给你们买防滑的鞋。最后再重复一次：不要跑步！"

的确，下雨天要防滑啊！也要记住：你不去惹地板，地板也不会惹你的！

教师点评

你写的这篇文章太重要了，对于学校来说，安全是最重要的事情。所以安全教育要常抓不懈，你的这篇文章就是一个很好的教材。广州，雨季比较潮湿，每年都会有小朋友因为滑倒受伤，轻者破皮无大碍，重者就可能骨折，更糟糕的是有的同学换了牙把牙给摔断了，还有的同学擦破了脸需要缝针，这就造成了严重的后果，让自己受到了很大的伤害，所以下雨天要防滑，这是非常重要的。

我抗议，但没用

我抗议啊，可是我们的抗议是无效的。虽然无效，我还是要说一声"我抗议"来表示我那既无奈又气愤的心情，顺便在这里释放怒气。我无奈生气的原因是（我先简短地介绍一下，因为等一下我还要在下面比较详细地介绍）：

（1）我们不是扫大街的，我们凭啥要扫？

（2）我们完成任务，你还要让我们扫别的地方。

（3）你说扫地就扫地嘛，还早上扫、中午扫、下午扫！我要再次质疑，我们不是扫大街的，我们是来学习的，你让我们跑步是为了让我们锻炼身体，我们赞同，可是你也不能说学校的清洁工少了很多就让我们打免费的工啊！

总而言之，我抗议，我们是来学习的，不是来当清洁工的！

事情是这样的：

今天下午，因为学校布置我们扫包干区（是每天都要），所以我们一放学就拿着扫把去扫地。我们扫啊扫，时间一分一秒飞快地流逝着，我们也越来越累。过了一段时间，冯主任来检查，竟然说还要把草丛里的垃圾给拾出来！我一听愣住了，我说草丛里什么恶心的东西都有。可是没办法，上级的吩咐不可以不行动，所以我们只好捡垃圾啦。我们扫完包干区就回到学校，可是一踏进校门，冯主任又叫我们去扫地。唉！我抗议！

我抗议，但是没有用啊！

📖 教师点评

你抗议，虽然没有用，但你还是能够用语言来表达你的不满，心里有话说出来，你会觉得心里舒服很多。如果有人跟你站在同一条战线，你会觉得自己遇到了知音。所以老师要表扬你有话想说敢说，这一点真的很好。但是老师对你的某些观点是不赞同的，比如说你说你们到学校来是学习的，不是当清洁工的。我认为劳动也是非常重要的，因为劳动本身就是一种技能，这种技能是在不断实践中形成的，只有劳动才能创造美好生活。如果你能调整好心态，就会发现，你们通过自己的双手让校园变得整洁，给大家带来了美好的学习环境，这是一件多么了不起的事情啊！老师知道，你很会做点心，做的点心特别好吃，在做点心的过程中，你有没有想过这是件很累的事情？当大家分享你的劳动果实的时候，你有没有觉得自己吃亏了？肯定没有。因为你热爱做这件事情，就不会觉得累了，还会因为别人分享你的劳动成果而感到幸福。因此，只要调整了心态，不管是学习，还是做卫生，我们都能体验到生活的快乐，老师祝福你做个身心健康的孩子，爱学习，爱劳动，快乐成长。

犯错不好受

这一星期过得可真快，我写反思的频率也是一天天增加，似乎每天我都会得罪一个老师，然后马上被罚写反思。

我真希望自己能够按时完成作业不被老师批评上榜啊！可是不听使唤的我还是让自己犯了错。哎，我什么时候才能听老师的话好好做作业呢？哎！可是李昊原的名言本里说："人间自有真情在，多写反思也是爱。"我就把反思当作是老师给我的"爱"吧！总之不管怎么样，老师罚我们写反思也是因为要让我们获得更好的教育，让我们记住这次犯错误的惩罚，不再"旧病重发"，如果"旧病再重发"那后果就不堪设想了。算了算了，说了这么多，总结出来就一句话比较自我安慰："反思是老师对学生的一种爱。"（还有哪一句比这一句更安慰人的呢？）

写反思的花样一天比一天多，上上个星期是没签名、排队没排好、上课说小话，再加一篇六百字的迟到反思。庆幸的是上个星期没有写反思，但是我今天还是没能逃过反思女巫的魔爪进入了数学反思篮……

就在昨天：

"大家明天记住要把《十分检测》带回学校，还要家长签名，做自我提升啊！"樊老师温馨提示。大家都记在心中（也包括我）。我一回家就拿出《十分检测》开始写，准备一写完就让老妈签名，可是等到我写完就马上收回书包了，完全把要给家长签名的事忘得一干二净……

到了今天下午，我一进教室就听到有人喊我的名字，我四处看谁在叫我。原来是樊老师在念我的名字，说我没有家长签名。我愣了，这才想起我昨晚没有把《十分检测》给老妈签名。哎，大祸临头了……果然老师罚我写了六百字反思。

就这样，我写了这篇六百字的反思。哎，犯错不好受！

教师点评

读这篇文章，发现你真的进步了，不再抱怨，而是努力积极调整自己的心态。我曾经听过一句话："试图去改变自己的是神，试图去改变别人的是神经病。"觉得好笑的同时又觉得特别有意思。生活中每个人都会犯错，不要为自己的一点点错误耿耿于怀，一切都会过去的。当你难受的时候，你就这么想："天将降大任于斯人也，必先苦其心志，劳其筋骨，饿其体肤，空乏其身，行拂乱其所为，所以动心忍性，曾益其所不能。"这么想，你就不会难受了。

成长的快乐

利用假期整理以前的文章，发现这本二十多万字的书稿居然完成了，个人专著即将出版，心中的喜悦无以言表。

很多年以前，高晓玲校长就跟我说过，让我好好积累，把自己平时做过的事情写下来，就可以汇编成一本个人专著。我一直觉得那是一个很难达到的目标，对于一个一线老师，要写出二十万字的书稿，就像做梦一样。

因为成立了市名教师工作室，工作室的经费要合理规范地使用。作为主持人，我跟很多老师商量，大家一致认为应该用来出版一本书，于是写书就像箭在弦上——成了一个不得不完成的任务。

就像做课题一样，在还没有去尝试的时候，你会觉得那是一个遥不可及的远方。但是一旦树立目标，你就会好好地思考为达成这个目标去付出怎样的努力。去年12月，我确定了自己要整理这部书稿的目录。我想从我的课堂实录、教学文论、育人故事、学生习作这几个部分来构建这本书的主干。书名就叫作《回归真实：语文教学的本真追寻》。有了主干，有了题眼，再翻翻自己的博客，翻翻自己的文件夹，没想到自己平时还写了这么多东西，感慨之余得出结论——积累是多么重要啊！

今天这些文字能变成书稿，我要感谢市名教师工作室这个平台，感谢一路激励我成长的领导、老师，同时我也深深地感受到成长的快乐。具体表现在三个方面：

一、教师和孩子一起成长

有一句话是：没有爱就没有教育。还有一句话：爱孩子是老母鸡也会做的事儿。老师的爱肯定不是老母鸡的爱。老母鸡的爱出于本能，而老师的爱需要艺术和技巧。无论是从自己的课堂，还是从自己的育人故事中，我都可以体会到这种需要用心、用情、用思考力的爱。

育人故事《一次巧妙的口语交际训练》讲的就是，一次在课堂上，孩子们发现一个同学没有及时到校产生了疑问而展开的一次口语交际训练活动。我从孩子发现问题、提出疑问——欧阳天伟同学没有按时回到学校，他为什么没有按时回校，让孩子自己寻找解决问题的方法——我们可以怎么做，引导学生用打电话的方法。一环接一环，环环紧扣，从而扎实有效地进行学生的口语交际能力训练。在这个故事当中，老师教给孩子的知识，不仅仅是用来考试的，更重要的是帮助孩子解决生活中的问题，这样的知识对孩子来说是有用的、有价值的。

十二节课堂实录，教师和孩子共同成长的轨迹随处可见。每一节课都可以看到老师精心准备教学设计、教学课件、教学视频、教学道具，老师站在台前，和孩子们一起互动、一起探究，一起在民主和谐的氛围中学有所得，学有所获。也有些课老师站在幕后，比如语文综合实践课《多元方式活学活用成语》基本上都是孩子们在展示，但越是这样的课，越可以窥见老师在后台的设计、指导的功力。

孔子说：教学相长。孩子在成长，老师也在成长。

二、教师和家长一起成长

苏联著名教育学家苏霍姆林斯基曾经说过："教育的效果取决于家庭教育和学校教育影响的一致性。"只有当学校教育和家庭教育形成合力的时候，教育才能最大限度地发挥作用。

老师不仅尊重学生，也尊重家长。教育案例《相信家长真好》，这个故事讲的是学生和学生之间发生了矛盾，还涉及个别学生的小隐私，碰到这种棘手问题，在这种情况下，教师应该怎么做。我选择相信家长是通情达理的，相信家长是有水平的，请家长先处理，自己不出面。结果出人意料的好！相信这个故事也会对其他班主任有所启发。

在教学文论中，《例谈学生日记家长评语的育人功能》《做好"五个一"，架起与一年级家长有效沟通的桥梁》等都可以看到老师重视家庭教育与学校教育形成合力，引领家长和孩子一起成长，和教师一起成长！

三、教师和教师一起成长

我在汇景实验学校曾经担任过语文科组长、年级组长等职务，现在又成为广州市名教师工作室的主持人、市级名师专项课题主持人，先后主持了区级课题2项。在这个过程当中，我培养的老师，有的成为广州市百千万名教师培养对象，有的成为广州市语文骨干教师，有的走上了领导岗位，有的成为学校的教学骨干。

在本书"课堂实录"这一部分，很多"同行点评"都出自名教师工作室的成员。有的点评成熟老练，有的略显青涩，没关系，学习的过程就是慢慢成长的过程。

　　我的教育信条是：在和大家一起成长的路途中，成为一个幸福满满的语文老师。祝愿自己在爱和乐的道路上不断进取，不断完善，让自己收获满满，幸福满满！

　　本书的出版，得到了出版社和专家、老师们的大力支持与帮助，在此一并致谢！由于时间、精力、能力和水平有限，难免瑕疵，难免纰漏，敬请指正！

肖天旭

2020 年 5 月

于广州市天河区汇景实验学校